annabelle

VITAL-DIÄT II

Noch mehr Rezepte

WERD VERLAG

Impressum

Alle Rechte vorbehalten,
einschliesslich derjenigen des
auszugsweisen Abdrucks und
der photomechanischen Wiedergabe

© 1995 Werd Verlag/annabelle, Zürich

Lektorat: Christina Sieg, Heike Burkhard
Art Direction: Benedikt Dittli
Satz und Gestaltung: Albin Koller
Fotos: Gerlind Reichardt, Zuzana Trnka
Rezepte und Styling: Karin Messerli
Redaktion: Leandra Graf
Produktion: Vera Doerner

Printed in Switzerland

ISBN 3 85932 169 2

> Bereits erschienen:
> «Vital-Diät – Schlank und fit
> mit über 100 Gourmet-Rezepten»,
> 108 Seiten, zahlreiche Fotos
>
> ISBN 3 85932 091 2

Vorwort

BESTSELLER VITAL-DIÄT – NOCH MEHR REZEPTE

Hier ist es, das zweite Buch mit noch mehr Rezepten zur erfolgreichen Vital-Diät der Schweizer Frauenzeitschrift annabelle. Diät? Ausgerechnet heute, wo immer mehr Mitmenschen sich bewusst weigern, sich und ihr Körpergefühl auf eine digitale Kilo-Gramm-Angabe reduzieren zu lassen? Richtig: Diät! Denn entscheidend ist, was Sie – und wir von annabelle – unter diesem längst zum Reizwort mutierten Begriff verstehen (wollen). «Diaita», von dem «Diät» abstammt, heisst altgriechisch Ordnung. Nichts weiter. Blick zurück: Zu Zeiten grassierender Volksverfettung, mit ihren teils lebensbedrohlichen Folgen, war's gewiss angebracht, zur «Ordnung» zu rufen und Wohlstandsgeschädigte zum Abmagern auf «Diät» zu setzen. Das gesundheitliche Muss degenerierte zum (wie stets kurzlebigen) modischen Trend, welcher sich mit erfolglosen Crash-Diäten und dem kosmetischen Schlankheitswahn per Skalpell selbst ad absurdum führte. Zeit also für eine zeitgemässe Alternative! annabelle hatte sie und lancierte im Frühling 1990 die erfolgreiche Vital-Diät-Serie. Das erste Buch dazu wurde schnell zum Bestseller. Das zweite präsentiert die Redaktion wiederum auf Wunsch vieler Leserinnen und Leser. Gibt's einen besseren Beweis für das Bedürfnis nach einem sinnvollen, anerkannten Ernährungs-Konzept?

Gina Gysin
Chefredaktorin annabelle

Inhalt

ANNABELLE VITAL-DIÄT II

2

Impressum

3

Vorwort: Bestseller Vital-Diät –
Noch mehr Rezepte

7

Die fünf vitalen Regeln:
Was Sie alles dürfen

9

Entschlacken:
Ein Gefühl wie neugeboren

11

Trennung auf einen Blick:
Was, wann, wie kombiniert

15

Rezepte: Genuss im Stil der Zeit

25

Grundrezepte:
Lust auf Salate und Rohkost

29

Grundrezepte:
Gemüse ist mehr als eine Beilage

31

Grundrezepte:
Kann denn Dessert Sünde sein?

17

Grundrezepte:
Beim Frühstück heisst es zulangen

Inhalt

89
Gourmet-Rezepte:
Einfach, aber raffiniert

103
Rezepte für zwei:
Liebe geht durch den Magen

34
Grundrezepte:
Snacks und Drinks Zwischendurch

51
Italienische Rezepte:
Glücklich und schlank dank Pasta

65
Schweizer Rezepte:
Rustikale Rösti ohne Graben

110
Register: Alle Rezepte von A–Z

79
Vegetarische Rezepte:
Ohne Fleisch geht es auch

112
Eigene Rezepte:
Raum für persönliche Notizen

37
Asiatische Rezepte:
Vital trennen auf exotische Art

115
Das annabelle-Team

*Das Ei als Symbol für Getrenntes,
das zusammengehört:
Eiweiss und Eigelb/Kohlehydrate.*

WAS SIE ALLES DÜRFEN

Fit, gesund, schlank sein und dabei genussvoll essen: Die annabelle-Vital-Diät auf der Basis der Hayschen Trennkost macht's möglich. Was Sie alles dürfen, um sich rundum wohl zu fühlen, merken Sie sich mit fünf einfachen Regeln:

Die Trenn-Regel *Sie dürfen alles essen – jedoch nicht in der gleichen Mahlzeit. Vorzugsweise mittags Eiweiss wie Fisch, Fleisch, Eier oder Magerkäse und abends Kohlehydrate wie Teigwaren, Reis oder Kartoffeln.*

Die Vital-Regel *Sie dürfen genug essen – zu allen Mahlzeiten sollten sie viel Gemüse, Salat und Früchte zu sich nehmen. Diese sollten etwa zwei Drittel einer Hauptmahlzeit ausmachen.*

Die Pausen-Regel *Sie dürfen immer essen – lassen Sie keine Mahlzeit aus. Dazwischen sollen Sie dem Magen jedoch eine Ruhepause gönnen: nach Eiweissmahlzeiten drei Stunden, nach einem Kohlehydratessen zwei Stunden.*

Die Trink-Regel *Sie dürfen und sollen viel trinken – nämlich mindestens zwei Liter Wasser mit wenig Kohlensäure oder die gleiche Menge leichten Kräutertees. Sogar ein Gläschen Wein oder Bier ist erlaubt.*

Die Bio-Regel *Sie dürfen Fleisch essen – allerdings mit Vorteil (vor allem bei Innereien) von Tieren aus natur- und artgerechter Haltung. Auch Saisongemüse und -salat sollten möglichst aus biologischem Anbau stammen.*

Eine Entschlackungskur erleichert den Einstieg in die Vital-Diät. Wichtig: Immer viel Wasser trinken.

EIN GEFÜHL WIE NEUGEBOREN

Noch besser wirkt die annabelle-Vital-Diät, wenn der Körper zuvor entwässert und entgiftet wird. Die Verdauungsorgane sind dankbar für eine Erholungspause von zwei bis drei Tagen. Mit einer Entschlackungskur geben Sie Ihrem Körper Gelegenheit, sich optimal auf die kommenden Wohltaten einzustimmen.

Alles was Sie danach an wertvollen Mineralstoffen und Vitaminen zu sich nehmen, kann so schneller und ungehindert aufgenommen werden. Ausserdem schärft die Reduzierung der Ernährung die Sinne. Sie lernen wieder, die Signale Ihres Körpers zu hören und zu verstehen. Sie spüren, was Ihnen gut tut.

Extreme Gelüste nach Süssem oder Pikantem stellen sich kaum mehr ein. Dafür kommt das Gefühl für den Sättigungsmoment zurück, welches zwischen Hungern und Schlemmen allenfalls verlorengegangen ist. Sensibilisierte Geschmacksnerven registrieren die Feinheiten der vitalen Rezepte und sorgen für erhöhten Genuss beim Essen. Der Kopf wird klar, die wiedergefundene natürliche Einheit von Körper und Geist schafft innere Ruhe und Ausgeglichenheit.

Dazu kommt äussere Schönheit: Ihre Haut dankt für die Reinigung mit strahlender Frische. Dass Sie durch den Wasserverlust gleich ein paar Kilo weniger auf die Waage bringen, mag ein weiterer Ansporn zu einer vitalen Kur sein.

Entschlacken

WASSER IST ZUM TRINKEN DA

*Es gibt verschiedene Arten der Entschlackung.
Welche der folgenden bekannten Kuren Sie auch wählen:
Viel Wasser ist immer dabei.*

Beginnen Sie Ihre Entschlackungskur möglichst in Ruhe, fern vom Alltagsstress. Am besten reservieren Sie sich ein Wochenende, um dann die Woche darauf mit der «Vital-Diät» loszulegen. Welche Kur auch immer Sie bevorzugen: Starten Sie mit einer gründlichen Darmreinigung. Ein bis zwei Teelöffel Glaubersalz, in drei Deziliter lauwarmem Wasser aufgelöst und schluckweise auf den nüchternen Magen getrunken, wirken zuverlässig. Wer keine Verdauungsprobleme kennt, kann sich die bittere Lösung sparen und zur allmorgendlichen inneren Dusche einfach ein Glas lauwarmes Wasser trinken. Der Körper benötigt sehr viel Flüssigkeit, um alle Gifte, welche beim Entschlacken von den Zellen ins Blut übergehen, auszuscheiden. Zusätzlich zur gewählten Reinigungsmethode sollten Sie täglich mindestens zwei Liter Wasser mit wenig Kohlensäure oder leichten Kräutertee trinken. Sie überlisten damit gleichzeitig aufkommende Hungergefühle.

Die Reis-Kur

lässt keine Hungergefühle aufkommen, sie ist auch über längere Zeit gut verträglich. Zubereitung für zwei Tage: 300 g Vollreis mit 7–8 Dezilitern Wasser und 1–2 Teelöffeln Meersalz aufkochen, zugedeckt bei schwacher Hitze 40 Minuten köcheln, bis das Wasser aufgesogen ist. 30 Minuten quellen lassen. Pro Mahlzeit 4 Esslöffel des gekochten Reises mit wenig Olivenöl anbraten. Zum Würzen Kräuter oder natürliches Meersalz benützen.

Die Ananas-Kur

bringt Fett dank Enzym zum Schmelzen. Zudem enthalten Ananas reichlich Vitalstoffe, welche der Gesundheit zuträglich sind. 3 bis 4 rohe Ananas über zwei Tage verteilt essen.

Die Apfel-Kur

wirkt gleichfalls durch hohen Anteil von Vitalstoffen. 10 bis 15 Äpfel über zwei Tage verteilt essen, allenfalls mit getrockneten Schnitzen abwechseln.

Die Trauben-Kur

erlaubt hemmungsloses Schlemmen. Mindestens zwei Kilo möglichst reife, gut gewaschene Trauben sollten es täglich sein. Mit Bedacht gegessen, Beere für Beere.

Die Saft-Kur

ist generell zu empfehlen. Mit einem regelmässigen Safttag pro Woche tun Sie sich immer einen Gefallen. Ein bis zwei Liter Gemüse- oder Fruchtsaft aus biologischem Anbau pro Tag trinken. Den Saft im Verhältnis eins zu zwei mit Wasser verdünnen. Zusätzlich mindestens einen Liter Flüssigkeit trinken.

Die Kartoffel-Kur

liefert Energie und sättigt gut. Kartoffeln enthalten viele Mineralien und Vitamine. Für zwei Tage brauchen Sie 10 bis 16 mittlere Bio-Kartoffeln, die sie schonend in der Schale garen und allenfalls mit Meersalz und Kräutern würzen. Pro Mahlzeit zwei bis drei Kartoffeln essen.

Die F.X.-Mayr-Kur

hat den Ausgleich von säure- und basenbildenden Lebensmitteln zum Inhalt. Eine vorgängige Fastenkur, nach dem österreichischen Arzt F.X. Mayr benannt, verspricht Schonung, Säuberung und Schulung des Verdauungsapparates. Dieses Ziel ist nicht innerhalb von zwei bis drei Tagen zu erreichen. Für eine nachhaltige Entgiftung des Körpers soll man sich einen ärztlich begleiteten, zwei bis drei Wochen dauernden Kuraufenthalt gönnen.

Trennen auf einen Blick

WAS, WANN, WIE KOMBINIERT

*Alles was Sie tun müssen, ist, sich die Kategorien der Lebensmittel
zu merken. Und sie dann nach Eiweiss und Kohlehydraten zu trennen.
Ein Kinderspiel, in dem auch der «Joker» nicht fehlt.*

Eiweiss

Diese Liste zeigt, welche Nahrungsmittel vorwiegend Eiweiss enthalten: Fisch, Fleisch, Eier, teilentrahmte Milchprodukte und Sojaprodukte sowie «saure» Früchte, welche zu Eiweiss passen. Sie sind nur mit neutralen Lebensmitteln aus der Kolonne «Joker» zu kombinieren. Niemals sollen in der gleichen Mahlzeit Eiweiss und Kohlehydrate gegessen werden.

Vorwiegend Eiweiss
Rindfleisch
Kalbfleisch
Lammfleisch
Wild
Geflügel
Fisch, aus Süsswasser und Meer
Krusten- und Schalentiere
Tofu
Sojasprossen
Milch (teilentrahmt und mager)
Joghurt (teilentrahmt und mager)
Käse bis 45% F.i.Tr., zum Beispiel Frischkäse, Hüttenkäse
Eier ganz
Eiweiss

In kleinen Mengen
Schweinefleisch
Speck
Wurstwaren
Innereien
Fischkonserven wie Sardinen, Thon

Saure Früchte
Äpfel
Birnen
Aprikosen
Pfirsiche
Nektarinen
Kirschen
Zwetschgen
Pflaumen
Mirabellen
Reineclauden
Orangen
Zitronen, Limonen
Mandarinen
Grapefruits
Erdbeeren
Himbeeren
Stachelbeeren
Johannisbeeren
Brombeeren
Trauben
Melonen
Mispeln
Ananas
Kiwi
Mangos
Papayas
Kumquat

Bemerkung
Ausser bei den Zitrusfrüchten ist der Reifegrad der Früchte und Beeren wichtig. Ganz reife, süsse Früchte enthalten viel Zucker und wenig Säure und passen somit – in kleinen Mengen – auch zu Kohlehydratmahlzeiten.

Getränke zu Eiweissmahlzeiten
Mineralwasser mit wenig Kohlensäure und Mineralien (ohne Zucker, Süss- oder Aromastoffe)
Kaffee (bis zu 3 Tassen täglich, bei Bedarf mit einem Teelöffel Rahm)
Süssmost (ungezuckert)
Fruchtsäfte (ungezuckert, verdünnt)
Tee, grün und schwarz
Kräutertee (mild)
Wein
Champagner

Ausnahmsweise
Gebranntes Wasser aus «sauren» Früchten wie Kirsch, Grappa, Pflümli

Merke
Keine Kohlehydrate zu Eiweissmahlzeiten; kein Brot, kein Getreide, keine Teigwaren, kein Reis, keine Kartoffeln. Dafür reichlich Salat und Gemüse zu jeder Hauptmahlzeit.

Trennen auf einen Blick

Joker

Auf der folgenden Liste finden Sie die neutralen Nahrungsmittel, welche sich sowohl mit Eiweiss- als auch mit Kohlehydratmahlzeiten kombinieren lassen.

Die Auswahl beim Gemüse ist riesig: Falls Sie irgendein Blatt- oder Wurzelgemüse hier und auch beim Eiweiss oder bei den Kohlehydraten nicht finden, können Sie davon ausgehen, dass es ein «Joker» ist. Sie dürfen herzhaft zugreifen. Zu den «Jokern» zählen auch naturbelassene pflanzliche Öle, Vollmilch und deren Produkte wie Butter und Rahm. Sie sind Energie- und Geschmacksträger, sollten jedoch sparsam eingesetzt werden.

Artischocken
Auberginen
Blattsalate, grün
Blumenkohl
Bohnen, grün
Broccoli
Champignons
Chicorée
Chinakohl
Fenchel
Gurken
Karotten
Kabis/Kohl
Kohlrabi
Krautstiele
Kürbis
Lauch
Pastinaken
Peperoni
Pilze
Radieschen
Randen
Rettich
Rosenkohl
Sauerkraut
Schwarzwurzeln
Sellerie, Knollen und Stangen
Spargeln
Spinat
Tomaten, roh zu Eiweiss, gekocht zu Kohlehydraten
Zwiebeln
Zucchetti
kaltgepresste Pflanzenöle, z.B.
Distelöl
Maiskeimöl
Olivenöl
Sonnenblumenöl
Eigelb
Vollmilchprodukte wie
Milch
Joghurt nature
Butter
Rahm
Rahmquark
Käse ab 45 % F.i.Tr.
Heidelbeeren
Nüsse (alle ausser Erdnüsse)
Kürbiskerne
Sonnenblumenkerne
Sesamsamen
Mohnsamen
Leinsamen
Weizenkeime
Weizenkleie
Oliven
Küchenkräuter, frisch, tiefgekühlt, getrocknet
Gewürze
Salz (Meer-, Sellerie-, Kräutersalz)
Knoblauch
Kakao, ungezuckert

In kleinen Mengen
Pfeffer
Ingwer
Meerrettich
Senf
tierische Fette
Margarine

Neutrale Getränke
Mineralwasser mit wenig Kohlensäure und Mineralien (ohne Zucker, Süss- oder Aromastoffe)
Tee, schwarz und grün
Kräutertee (mild)
Kaffee (bis 3 Tassen täglich, bei Bedarf mit einem Teelöffel Rahm)
Gemüsesäfte, verdünnt

Merke
Gemüse und Salate dürfen zu Hauptmahlzeiten reichlich gegessen werden. Auch wer schnell abnehmen will, sollte nicht auf pflanzliche Öle verzichten. Sie sind nicht nur neutral, sie enthalten auch wichtige fettlösliche Vitamine wie A, D, E und K und unentbehrliche Fettsäuren. Trotzdem: Sparsam damit umgehen.

Trennen auf einen Blick

Kohlehydrate

Im folgenden sind die Nahrungsmittel aufgelistet, welche vorwiegend Stärke und Zucker enthalten. Kohlehydratreiche Nahrungsmittel dürfen mit den neutralen «Jokern» kombiniert werden, nicht aber mit Lebensmitteln aus der Eiweissliste. Ein Sonderfall sind Hülsenfrüchte: Sie enthalten viele Kohlehydrate, jedoch auch viel Eiweiss. Probieren Sie selber aus, in welchen Mengen Sie diese wertvollen Speisen vertragen.

Vorwiegend Stärke
Gerste
Hafer
Hirse
Dinkel
Roggen
Weizen
Teigwaren und Brot aus vollwertigem Korn
Vollreis
Maismehl
Maiskolben
Kartoffeln
Topinambur
Süsskartoffeln
Kastanien
Erbsen (frisch, tiefgekühlt, getrocknet)

In kleinen Mengen
Weissmehl
Teigwaren und Brot aus Weissmehl
Reis, poliert
Linsen
Bohnen, Kerne aller Art
Kichererbsen

Vorwiegend Zucker
Bananen
Feigen, frisch
Kaki
Trockenfrüchte wie
Aprikosen
Bananen
Datteln
Feigen
Rosinen

In kleinen Mengen
Honig
Ahornsirup
Melasse
Rohrzucker
Birnendicksaft

Ausnahmsweise
weisser Zucker

Getränke zu Kohlehydratmahlzeiten
Mineralwasser mit wenig Kohlensäure und Mineralien (ohne Zucker, Süss- oder Aromastoffe)
Tee, schwarz und grün
Kräutertee (mild)
Kaffee (bis 3 Tassen täglich, bei Bedarf mit einem Teelöffel Rahm oder Honig)
Gemüsesäfte (verdünnt)
Bier (bis 3 Deziliter)

Ausnahmsweise
Spirituosen aus Getreide wie
Whisky
Wodka

Merke
Kein Eiweiss zu Kohlehydratmahlzeiten; kein Fisch, Fleisch, Geflügel, keine Sojaprodukte, keine Krusten- und Schalentiere, kein Magerkäse, keine «sauren» Früchte. Zu jeder Hauptmahlzeit Salat und Gemüse.

Unsere Nahrungsmittel enthalten alle wichtigen Vitamine und Mineralstoffe, welche der Mensch benötigt. Eine ausgewogene Ernährung sorgt auf natürliche Weise für körperliches und geistiges Wohlbefinden.

Eisen *aus Leber, Nieren, Bohnen und Hülsenfrüchten wirkt blutbildend, gegen Müdigkeit, Kopfschmerzen, brüchige Nägel, Haarausfall.*

Magnesium *aus Vollkorn, Käse, Milch, Soja, Nüssen, Bananen und Mais bekämpft Hautalterung, Muskelkater, Nervosität.*

Jod *aus Fischen und Meeresfrüchten und allen mit jodiertem Salz gewürzten Lebensmitteln hilft bei niedrigem Blutdruck.*

Vitamin B12 *aus Milchprodukten, Leber, Eigelb, Bierhefe, Hering, Lachs wirkt gegen Stimmungsschwankungen, blutbildend.*

Folsäure *aus Bierhefe, Vollkorn, Weizenkeimen, Eigelb, Gemüse und Früchten hilft gegen Zahnfleischbluten und Teintprobleme.*

Vitamin C *aus Zitrus- und andern Früchten, Kohl- und anderem Gemüse, Kartoffeln mildert Stress, stärkt die Abwehrkräfte.*

Rezepte

GENUSS IM STIL DER ZEIT

Nach aller Theorie kommen wir nun endlich zum schönen Teil der annabelle-Vital-Diät, den Rezepten. Sie versprechen – und wer das erste Buch kennt, weiss, dass dieses Versprechen gehalten wird – Genuss und Abwechslung beim Essen. Fit, schlank und schön werden, ohne sich zu kasteien, ohne mühsames Kalorienzählen und auch ohne auf die aktuellen kulinarischen Trends zu verzichten – wer möchte das nicht? Wir haben die Trends aufgegriffen und «vitalisiert». Nach den Grundrezepten wie Frühstück, Rohkost und Salat, Gemüse, Desserts, Snacks und Drinks wird es gleich international: Die asiatische Küche lockt mit würziger Zitronengrassuppe oder thailändischem Pouletsalat. Dann kommen die zahlreichen Freunde von Pasta & Co. auf ihre Kosten – ohne italienische Spezialitäten ist die Schweizer Küche undenkbar. Mit Birchermüesli und Rösti hat auch sie ihren rustikalen Auftritt. Immer dabei sind fleischlose Gerichte, nun sogar als eigenes Kapitel «Vegetarisch». Und obwohl alle unsere Rezepte den Ansprüchen von Gourmets gerecht werden, sind diese noch extra berücksichtigt, in einem eigenen Kapitel. Ganz verführerisch wird's zum Schluss mit dem «Schlanken Wochenende zu zweit»: Ein raffinierter Brunch und edle Rezepte fürs Tête-à-tête lassen keine Wünsche offen.

Zu diesen Rezepten
Sofern nichts anderes angegeben ist, sind die Rezepte für eine Portion berechnet. Für zwei Personen müssen die Zutaten verdoppelt und die Kochzeiten angepasst werden.

Zu den Bezeichnungen
EL Gestrichener Esslöffel. Wenn er gehäuft sein muss, ist das angegeben.
TL Gestrichener Teelöffel. Wenn er gehäuft sein muss, ist das angegeben.
l Liter
dl Deziliter
kg Kilogramm
g Gramm
Msp. Messerspitze

*Früchte zum
Frühstück
(Rezept auf Seite 17)*

Grundrezepte

BEIM FRÜHSTÜCK HEISST ES ZULANGEN

Morgens ist die Welt noch in Ordnung. Beim Frühstück dürfen Sie geniessen, wonach Sie Lust haben: entweder Eiweiss oder Kohlehydrate. Herzhaft zulangen setzt sich in Energie, jedoch nicht in Kilogramme um.

Eiweiss

Trinken Sie nach dem Aufstehen als erstes ein Glas warmes Wasser oder eine Tasse Kräuter- oder Aromatee. Gönnen Sie sich zum Frühstück ein bis zwei Tassen Kaffee oder Tee, ohne Zucker, auf Wunsch mit 1 Teelöffel Rahm, oder eine Tasse heisse Vollmilch mit Karob-Pulver (Reformhaus). Dazu wählen Sie eines der folgenden Frühstücke.

Früchte zum Frühstück
(Foto auf Seite 16)

Auswahl:
Birnen und Äpfel
Beeren, frisch oder tiefgekühlt
Steinfrüchte, frisch oder tiefgekühlt
Zitrusfrüchte
Exotische Früchte

Wer nicht frühstücken mag, kann ohne Bedenken beliebige Saisonfrüchte essen. Keine Bananen, Feigen oder Trockenfrüchte. Tiefgekühlte Beeren und Früchte sollten ungezuckert sein.

Rüebli-Fitdrink

1 dl Rüeblisaft
1 dl Orangensaft, frisch gepresst
0,5 dl Buttermilch, nature
2 TL Tahin (Sesampüree)
wenig Cayennepfeffer und Sojasauce

Alle Zutaten im Mixer pürieren.
Tip:
Verwenden Sie dafür frisch gepresste Säfte. Sie sind aromatischer. Buttermilch durch Joghurt ersetzen. Tahin ist im Reformhaus erhältlich.

1 Becher Sauermilch, 180 g
1 EL Mandelmus
4–6 Aprikosenhälften, frisch oder tiefgekühlt
2 EL Orangensaft
2 EL Hefeflocken

125 g Halbfettquark oder Sauermilch
1 EL Mandelmus
1 kleines Rüebli, grob geraffelt
1 kleiner Apfel, grob geraffelt
2 EL Orangensaft
1 EL Baumnusskerne, gehackt

125 g Halbfettquark
2 EL Rüeblisaft
1 EL Nussmus
2 EL gemischte Kräuter, gehackt
wenig Sojasauce und Pfeffer
ca. 150 g Gemüse, z.B. Gurken, Fenchel

Sauermilch mit Früchten
(Foto auf Seite 18)

Sauermilch mit Mandelmus verrühren. Aprikosen fein würfeln, mit Orangensaft unter die Sauermilch rühren. In einem Schälchen anrichten, die Hefeflocken darüberstreuen.

Rüebli-Apfel-Kaltschale

Halbfettquark oder Sauermilch mit Mandelmus verrühren. Rüebli mit Apfel und Orangensaft in einer kleinen Schüssel mischen. Halbfettquark oder Sauermilch darübergiessen. Mit den Baumnüssen bestreuen.

Quark mit Nüssen

Quark mit Rüeblisaft und Nussmus verrühren. Mit Kräutern, Sojasauce und Pfeffer abschmecken. Gemüse in Stengel schneiden. Den Quark dazu servieren.

*Sauermilch mit
Früchten
(Rezept auf Seite 17)*

*Porridge mit Joghurt
und Bananen
(Rezept auf Seite 23)*

Grundrezepte

Quark mit Schinken
(Foto auf Seite 22)

1 Scheibe gekochter Schinken, 30 g
125 g Halbfettquark
1 EL gemischte Kräuter, gehackt
wenig Salz und Pfeffer
ca. 150 g Gemüse, z.B. Gurken, Rüebli, Radiesli

Schinken sehr fein hacken und unter den Quark rühren. Mit Kräutern, Salz und Pfeffer abschmecken. Gemüse in Stengel schneiden. Den Quark dazu servieren.

Schinken mit Gemüse
(Foto auf Seite 20)

1 Scheibe Lachsschinken, 80 g
1/2 Nostrano Gurke
1/2 Bund Radieschen
2–3 Cherry-Tomaten

Schinken in einer beschichteten Pfanne auf beiden Seiten leicht braten. Noch heiss zum Gemüse essen.

Milchköpfchen

Grundrezept:
1/4 Junket-Tablette (gibt's in der Drogerie oder Apotheke)
1 EL Wasser
2,5 dl Milch oder Milchdrink

Die Junket-Tablette zerdrücken und im Wasser auflösen. Die Milch handwarm (36 Grad) werden lassen. Die aufgelöste Tablette beifügen, rühren und sofort in Gläser verteilen. Bei Zimmertemperatur stehen lassen, bis die Milch fest geworden ist (ca. 20 Minuten). Bis zum Servieren kalt stellen. Dazu Früchte der Saison servieren.

...mit Kaffeegeschmack
Milch mit 1–2 Teelöffeln sofortlöslichem Kaffee aromatisieren.

... mit Nussgeschmack
Milch mit 1–2 Teelöffeln Nussmus (Haselnuss oder Mandel) und einem Hauch Zimt aromatisieren.

...mit Kräutern
Milch mit 1 Esslöffel fein gehackten gemischten Kräutern, Salz und Pfeffer aromatisieren. Dazu rohes Gemüse servieren.

Kohlehydrate

Trinken Sie nach dem Aufstehen als erstes ein Glas warmes Wasser oder eine Tasse Kräuter- oder Aromatee. Gönnen Sie sich zum Frühstück ein bis zwei Tassen Kaffee oder Tee, ohne Zucker, auf Wunsch mit 1 Teelöffel Rahm, oder eine Tasse heisse Vollmilch mit Karob-Pulver (Reformhaus). Dazu wählen Sie eines der folgenden Frühstücke.

Beerenjoghurt mit Quinoa
(Foto auf Seite 20)

1 EL Quinoa
1 Becher Vollmilchjoghurt, 180 g
1 EL Rahmquark
2 TL Mandelmus
1 Prise Zimtpulver
100 g Heidelbeeren, frisch oder tiefgekühlt

Quinoa in einer beschichteten Pfanne zugedeckt puffen, dann auskühlen lassen. Joghurt mit Quark, Mandelmus und Zimt verrühren. Heidelbeeren sorgfältig daruntermischen. Gepufften Quinoa darüberstreuen.

PS.:
Quinoa ist für die Vollwertküche eine Bereicherung: Ein fast vergessenes Korn, das kein Getreide ist und eine überaus wertvolle Nährstoffkombination aufweist. Erhältlich in Reform-, Bio- und Ökoläden als Körner, Flocken oder Mehl.

Tips:
Joghurt mit Vanille und abgeriebener Zitronenschale aromatisieren. Anstelle von Mandelmus geschälte, fein gemahlene Mandeln verwenden. Anstelle von Quinoa Vollkornhaferflocken rösten und darüberstreuen.

Grundrezepte

Quark mit Obst

30 g Dörrobst, gemischt
125 g Halbfettquark
1 EL Nüsse oder Kerne, gehackt
1 Scheibe Vollkornbrot

Dörrobst grob hacken, in ca. 4 Esslöffel lauwarmem Wasser einweichen. Dann pürieren (oder einfach sehr fein hacken), Quark und Nüsse oder Kerne daruntermischen. Aufs Vollkornbrot streichen.

Tip:
Anstelle von Dörrobst Heidelbeeren und 1/2 Banane mit einer Gabel zerdrücken.

Traubenbecher

100 g süsse Trauben
1 Handvoll Blueberries (Zucht-Heidelbeeren), frisch
100 g Mascarpone
2 TL Mandelmus
1 Reiswaffel, zerbröckelt

Trauben halbieren und entkernen. Mit Blueberries in einen Becher geben. Mascarpone mit Mandelmus verrühren und darübergiessen. Reiswaffel darüberstreuen.

Tips:
Anstelle der Trauben Feigen oder Kaki verwenden. Die Reiswaffel durch eine Handvoll Popcorn ersetzen.

Knäckebrot mit Mandelquark

100 g Mascarpone
2 TL Mandelmus
1 Msp. Zimt
2 Sesam-Knäckebrot
1 reife Feige, Schnitze

Mascarpone mit Mandelmus und Zimt verrühren. Knäckebrot damit bestreichen, mit den Feigenschnitzen belegen.

Tip:
Schmeckt auch ausgezeichnet mit reifen Kaki oder Bananen.

Hausgemachte Vollkornsemmeli mit Camembert

1 Vollkornsemmeli, Rezept siehe unten
wenig Rahmquark
2 TL Schnittlauchröllchen
50 g Camembert, geschnitten
Pfeffer aus der Mühle

Vollkornsemmeli waagrecht halbieren, nach Belieben toasten. Schnittflächen dünn mit Rahmquark bestreichen, mit Schnittlauchröllchen bestreuen. Camembertscheiben darauflegen, mit reichlich Pfeffer übermahlen.

Tip:
Anstelle von Camembert Emmentaler oder einen anderen Vollfettkäse verwenden.

Teig für 6 Semmeli:

250 g Weizen-Vollkornmehl
1/2 TL Meersalz
20 g frische Backhefe oder
1/2 Päckli Instant Trockenhefe
1–1,5 dl lauwarmes Wasser
100 g Rahmquark
10 g weiche Butter

Die Zutaten für den Hefeteig mischen. Von Hand kneten und schlagen, bis ein geschmeidiger Teig entsteht. Zugedeckt bei Zimmertemperatur 45 Minuten gehen lassen. Den Teig durchkneten und zu einer Rolle formen. In 6 gleichgrosse Stücke schneiden und zu runden Semmeli formen. Auf ein mit Mehl bestreutes Blech setzen, mit Wasser bestreichen und in der Mitte des auf 200 Grad vorgeheizten Backofens 20 bis 30 Minuten backen.

Tips:
In einem Plastikbeutel aufbewahrt, bleiben sie 10 Tage frisch. Oder man friert sie gleich nach dem Auskühlen ein. Zum Auftauen brauchen sie etwa eine Stunde.

*Müesli mit Gemüse
(Rezept auf Seite 23)*

*Quark mit Schinken
(Rezept auf Seite 19)*

Grundrezepte

Käse-Kresse-Aufstrich mit Vollkornbrot

50 g Doppelrahm-Camembert
50 g Rahmquark
1 TL Schnittlauchröllchen
Salz, Pfeffer, Paprika
1 Scheibe Vollkornbrot, 30 g
1 Handvoll Green Power oder Kresse

Kleingewürfelten Camembert und Rahmquark mit einer Gabel vermischen. Mit Schnittlauchröllchen, Salz, Pfeffer und Paprika würzen. Brotscheibe auf beiden Seiten rösten, mit der Käsemasse bestreichen und mit Green Power oder Kresse bestreuen.

Tips:
Anstelle von Camembert 2 Esslöffel geriebenen Emmentaler oder Romadur unter den Quark mischen. Je nach Lust den Aufstrich mit Kümmel, wenig scharfem Senf oder klein gehackter Salzgurke würzen. Anstelle von Green Power 2 bis 3 Esslöffel klein gewürfelte Peperoni verwenden.

Porridge mit Joghurt und Bananen
(Foto auf Seite 18)

3 dl Wasser
45 g Vollkornhaferflocken oder Vierkornflocken
1 Prise Meersalz
2 TL Sesamsamen
1 Mini-Banane, in Scheiben
1/2 Vollmilchjoghurt, aufgerührt

Wasser aufkochen; Flocken unter Rühren einstreuen. Bei geringer Hitze 15 Minuten köcheln. Salz und Sesamsamen beifügen. Porridge in einem vorgewärmten Suppenteller anrichten. Bananenscheiben und Joghurt darauf verteilen.

Vollkorngipfeli mit Honig

1 Vollkorncroissant oder
1 Vollkornsemmeli oder
1 1/2 Scheiben Vollkornbrot, 60 g
2 Msp. Butter
2 TL Honig

Gipfeli oder Semmeli waagrecht halbieren, Vollkornbrot nach Belieben kurz toasten. Mit Butter und Honig bestreichen.

Tip:
Anstelle von Honig Brot mit einer dünnen Scheibe Vollfettkäse belegen.

Müslivariationen

...mit Gemüse
(Foto auf Seite 22)

1–2 EL Hafer, geschrotet
1–2 EL Hirse, Flocken
1 EL Haselnüsse, gehackt, geröstet
4 EL Sauermilch oder Naturejoghurt
1 kleines Rüebli, grob geraffelt
einige Rosinen, gehackt

Hafer am Vorabend in ca. 1 dl Wasser einweichen, zugedeckt bei Zimmertemperatur quellen lassen. Dann mit Hirseflocken, Haselnüssen, Sauermilch oder Joghurt, Rüebli und Rosinen vermischen.

Tip:
Geschrotetes Getreide mit soviel Wasser verrühren, dass ein weicher Brei entsteht. Zugedeckt bei Zimmertemperatur über Nacht quellen lassen.

...mit Käse

3–5 EL Getreide, geschrotet, z.B. Hafer, Weizen, Gerste
ca. 100 g Gemüse, z.B. Rüebli, Fenchel, Staudensellerie usw.
1 TL Kräuter, fein gehackt, z.B. Petersilie, Schnittlauch
1 TL kaltgepresstes Pflanzenöl
wenig Salz und Pfeffer
1 dünne Scheibe Vollfettkäse, z.B. Camembert, Feta, gewürfelt

Getreide über Nacht quellen lassen (siehe oben). Gemüse raffeln oder hobeln, mit Kräutern, Salz, Pfeffer und Öl vermischen. Käse darüberstreuen.

Tip:
Anstelle von Käse 2 Esslöffel Sauerrahm oder Rahmquark unter das Müsli mischen.

...mit Beeren

3–5 EL Getreide, geschrotet
1 EL Haselnüsse, gehackt, geröstet
2–3 EL Sauermilch
30 g Dörrobst, gemischt, fein geschnitten
1 Handvoll Heidelbeeren
1 TL flüssiger Honig

Getreide über Nacht quellen lassen (siehe oben). Mit Nüssen, Sauermilch, Dörrobst und Heidelbeeren vermischen. Honig darüberträufeln.

Tip:
Anstelle von Haselnüssen Kürbis- oder Sonnenblumenkerne verwenden.

*Gemischte Rohkost
(Rezept auf Seite 25)*

Grundrezepte

LUST AUF SALATE UND ROHKOST

Mittags sind Salate und Rohkost besonders bekömmlich. Die erfrischenden Vitamin-Lieferanten dürfen nach Lust und Laune genossen werden. Sie ersetzen oder komplettieren eine Mahlzeit.

Zu Eiweiss- und Kohlehydratmahlzeiten

(Fotos auf den Seiten 24 und 26)

Gemischte Rohkost

ca. 200 g gemischte Gemüse und Salate, möglichst roh, z.B. Kohlrabi, Fenchel, Peperoni, Zucchini, Radiesli, Rettich, Bleichsellerie, Gurke, Kohlarten, Randen Soja- und Rettichsprossen usw.

Gemüse und Salate kurz vor dem Servieren direkt in die Sauce raffeln, hobeln oder schneiden. Nicht geschnitten liegen lassen, weil der Vitaminabbau noch beschleunigt wird.

Blattsalate

100–150 g Blattsalate, je nach Marktangebot, z.B. Endivien, Frisée, Canasta, Kopfsalat, Burgunder, Chicorée, Lattich (Romana), Krachsalat, Lollo rosso, Eichblattsalat, Kresse, Portulak, Löwenzahn

Blattsalate unter fliessendem Wasser waschen; nicht im Wasser liegen lassen. Kurz vor dem Servieren in mundgerechte Stücke zupfen und die Sauce darüberträufeln.

Zu Eiweissmahlzeiten

Fenchel-Orangen-Salat

1 Fenchel mit Grün
1 kleine Blondorange
2 TL Olivenöl
Meersalz, Pfeffer

Den Fenchel in feine Scheiben hobeln, das Grün fein hacken. Die Orange filetieren, dabei den Saft auffangen. Mit Olivenöl verrühren, würzen. Fenchel und Orange auf einem Teller anrichten, Sauce darüberträufeln, mit Grün bestreuen.

Orangen-Zwiebel-Salat

1 rote Zwiebel
1 Blondorange
2 TL Olivenöl
Meersalz, Pfeffer
2 schwarze Oliven, Ringe

Die Zwiebel in Ringe hobeln. Die Orange filetieren, dabei den Saft auffangen. Mit Olivenöl verrühren, würzen. Zwiebel und Orange auf einem Teller anrichten, Sauce darüberträufeln. Mit Oliven garnieren.

Knackig frische Salate (Rezept auf Seite 25)

Grundrezepte

Salatsaucen für den Vorrat – passend zu Rohkost oder Blattsalaten:

Gebundene Salatsauce (French Dressing)

Salz, Pfeffer, Cayennepfeffer
1 Msp. Senf
3–4 EL Weissweinessig
3 EL fettfreie Bouillon
6 EL Sonnenblumenöl
3 EL saurer Halbrahm oder Naturejoghurt

für 7 Tage zubereiten:
Alle Zutaten in einen Schüttelbecher geben und kräftig schütteln. Zugedeckt im Kühlschrank aufbewahren. Pro Person ca. 2 Esslöffel Sauce pro Salatportion verwenden.
Tip:
Sauce nach Belieben – aber erst vor dem Servieren – mit fein gehackten Kräutern oder Schalotten verfeinern.

Klare Salatsauce (Italian)

Salz, Pfeffer
4–5 EL Rotweinessig
6 EL Sonnenblumen- oder Olivenöl
4 EL fettfreie Bouillon

für 7 Tage zubereiten:
Alle Zutaten in einen Schüttelbecher geben und kräftig schütteln. Zugedeckt im Kühlschrank aufbewahren. Pro Person ca. 2 Esslöffel Sauce pro Salatportion verwenden.
Tips:
Vor dem Servieren mit gepresstem Knoblauch, fein gehackten Kräutern und Petersilie verfeinern. Oder 1/2 Teelöffel geröstete Sesamsamen hineinstreuen.

3 EL fettfreie Bouillon
3 EL Mineralwasser
2–3 EL Zitronensaft
6 EL kaltgepresstes Öl, z.B. Distelöl
wenig Pfeffer

2 EL saurer Halbrahm
2 EL fettfreie Bouillon
2 EL gemischte Kräuter, fein gehackt
wenig Meersalz

Leichte Salatsauce

für 7 Tage zubereiten:
Alle Zutaten in einen Schüttelbecher geben und kräftig schütteln. Zugedeckt im Kühlschrank aufbewahren. Pro Person ca. 2 Esslöffel Sauce pro Salatportion verwenden.
Tip:
Vor der Verwendung nach Belieben mit fein gehackten Kräutern verfeinern.

Dip zu rohem Gemüse

Alle Zutaten verrühren. Gemüse (Auswahl siehe Rohkost) in Stengel schneiden und zum Dip servieren.

Wichtig:
Entscheiden Sie sich für die eine oder andere Sauce. Andernfalls bereiten Sie jeweils nur das anteilmässige Quantum zu.

Gedämpftes Gemüse
(Rezept auf Seite 29)

Grundrezepte

GEMÜSE IST MEHR ALS EINE BEILAGE

Abends, wenn der Magen mit Rohkost nicht mehr zu stark belastet werden soll, bietet frisches Saisongemüse, schonend gekocht, eine echte Alternative. Als Beilage und als Hauptgang.

Zu Eiweiss- und Kohlehydratmahlzeiten

Es darf geschlemmt werden – beim Gemüse gibt es keine Mengenvorschriften. Die «Joker» passen sowohl zu Eiweiss- wie auch Kohlehydratmahlzeiten. Pflanzliche Nahrung sollte idealerweise gut zwei Drittel einer Hauptmahlzeit ausmachen.

Gedämpftes Gemüse
(Foto auf Seite 28)

150–250 g Gemüse, gerüstet, z.B. Blumenkohl, Broccoli, Kürbis, Rüebli einige Kräuterzweiglein, z.B. Petersilie, Rosmarin, Salbei
Meersalz
Olivenöl

a) im Dämpfkörbchen
Gemüse mit Kräutern im Dämpfkörbchen zugedeckt knapp weich garen, salzen und mit wenig Olivenöl beträufeln. Heiss oder lauwarm servieren. Zu Eiweissmahlzeiten mit etwas Zitronensaft beträufeln.

250 g Gemüse, z.B. Spinat, Lattich, Endivien, Chicorée, Rüebli, Wirz, Kabis, Cima di rapa, Catalogna (vorher kurz blanchieren)
1 kleine Zwiebel, fein gehackt
1 TL Olivenöl zum Dämpfen
Meersalz
Olivenöl

b) dämpfen mit Zwiebeln
Fein gehackte Zwiebeln in wenig erwärmtem Olivenöl glasig dämpfen, tropfnasses Gemüse beifügen und zugedeckt knapp weich garen. Salzen, mit wenig Olivenöl beträufeln. Heiss oder lauwarm servieren. Zu Eiweissmahlzeiten mit etwas Zitronensaft beträufeln.
Tips:
Gekochtes Gemüse mit gerösteten Pinienkernen bestreut servieren oder zu Kohlehydratmahlzeiten eine Handvoll Sultaninen mitkochen.

Grilliertes Gemüse

200–300 g Kürbis, Zucchini, Auberginen, in Scheiben
Meersalz
oder Peperoni, Fenchel, Austernpilze, in Streifen oder Cicorino oder Radicchio rosso (Trevisano)
Olivenöl

Zucchini und Auberginen leicht salzen und Saft ziehen lassen, gründlich abwischen. Vorbereitetes Gemüse mit Öl bepinseln und in der heissen Grillpfanne oder im Backofen unter den Grillschlangen unter Wenden kurz braten. Zu Eiweissmahlzeiten mit etwas Zitronensaft beträufeln.

Fruchtspiessli mit Mandelbutter (Rezept auf Seite 31)

Grundrezepte

KANN DENN DESSERT SÜNDE SEIN?

Manche lieben's süss – und das dürfen sie auch. Desserts haben durchaus Platz in der vitalen Trennkost. Natürlich wie immer richtig kombiniert, zur Eiweiss- oder Kohlehydratmahlzeit.

Zu Eiweissmahlzeiten

Birnen-Kaltschale

1 reife Birne
wenig Zitronenschale und -saft
2 EL saurer Halbrahm
2 TL Mandelmus
einige Minzenblättchen

Birne schälen, halbieren und das Kerngehäuse entfernen. Sofort mit Zitronenschale und -saft mischen. 10 Minuten ins Tiefkühlfach stellen. Vor dem Servieren sauren Halbrahm und Mandelmus verrühren. Über die Birne verteilen und Minze darüberstreuen.
Tip:
Mandelmus durch 1 Esslöffel geschälte, gemahlene Mandeln ersetzen.

Heidelbeersorbet

150 g tiefgekühlte Heidelbeeren, ungezuckert
1 dl Himbeersaft, eisgekühlt
eine Prise Zimt

Die noch gefrorenen Heidelbeeren mit Himbeersaft und 2 Eiswürfeln im Mixer pürieren, mit Zimt abschmecken. In ein vorgekühltes Glas geben und sofort servieren.
Tips:
Ein Sorbet auf die schnelle Art: Schmeckt auch gut mit anderen Früchten. Wenn's besonders festlich sein soll, verwenden Sie anstelle des Fruchtsaftes Champagner oder trockenen Weisswein.

Heidelbeercrème

150 g tiefgekühlte Heidelbeeren, ungezuckert
1/2 Becher saurer Halbrahm, 90 g

Die Zutaten kurz im Mixerglas durchrühren. Kalt servieren.
Tip:
Mit Sauerrahm (35% F.i.Tr.) passt diese Crème auch zu Kohlehydratmahlzeiten.

Fruchtspiessli mit Mandelbutter
(Foto auf Seite 30)

200–250 g gemischte Früchte, z.B. Apfel, Birnen, Pflaumen
wenig Zitronensaft
10 g weiche Butter
2 TL Mandelpüree

Die Früchte in Schnitze schneiden, sofort mit Zitronensaft bepinseln und an Spiesschen stecken. Butter und Mandelpüree mischen und Spiessli damit bestreichen. Im Backofen unter dem Grill beidseitig kurz braten.

Marinierte Ananas

1 Baby-Ananas
wenig Limonensaft
1 EL weisser Rum
1 Prise getrocknete Minze

Ananas samt Blattschopf längs vierteln. Holzigen Innenteil wegschneiden und Fruchtfleisch der Schale entlang lösen. In Stücke schneiden und versetzt in die Schale setzen. Mit Limonensaft und Rum beträufeln. Minze darüberstreuen und kurz ziehen lassen. Kalt servieren.

Früchte-Crumble
(Rezept auf Seite 33)

Grundrezepte

Fruchtsaftgelée

4 dl Apfelsaft, frisch ab Presse, oder Sauser
1 Msp. Vanillinzucker
1 TL Agar-Agar, 4 g
100 g blaue oder weisse Trauben, halbiert, entkernt
2 EL saurer Halbrahm

Den Apfelsaft oder den Sauser mit Vanillinzucker bei hoher Hitze zur Hälfte einkochen lassen. Agar-Agar einstreuen und 3 Minuten sprudelnd kochen. Mit den Trauben in ein Förmchen geben und auskühlen lassen. Zum Servieren Förmchen kurz in heisses Wasser tauchen. Gelée auf einen Teller stürzen und mit Halbrahm servieren.

Tip:
Agar-Agar ist eine pflanzliche Gelatine, die aus Algen gewonnen wird. Als Pulver im Reformhaus erhältlich.

Früchteschaum

Grundrezept:
1,5 kg Früchte, z.B. Aprikosen, Zwetschgen, Äpfel
1 Prise Salz
1 TL Nussmus
Zimt
1 kleines Eiweiss

Die Früchte in Schnitze schneiden. Mit wenig Wasser halbbedeckt 1 Stunde einkochen. Dabei ab und zu rühren. Durchpassieren und unter Rühren so lange einkochen, bis das Püree eine kräftige Farbe bekommt. In einem verschliessbaren Glas im Kühlschrank aufbewahren.
Für eine Portion 2–3 Esslöffel Fruchtpüree mit Nussmus und Zimt abschmecken. Eiweiss mit Salz steif schlagen und locker darunterheben. Sofort servieren.

Tip:
Anstelle von Eischnee 50 g Halbfettquark oder 0,5 dl geschlagenen Rahm verwenden.

Zu Kohlehydratmahlzeiten

Früchte-Crumble
(Foto auf Seite 32)

1 reife Kaki oder 2 reife Feigen, Schnitze
2 EL Haferflocken
2 TL Mandelmus
1 EL Honig

Die Fruchtschnitze in eine ofenfeste Form geben. Haferflocken mit Mandelmus und Honig mischen. Über die Früchte streuseln. Im oberen Teil des auf 225 Grad vorgeheizten Backofens 8–10 Minuten überbacken.

Tip:
Schmeckt auch gut mit Blueberries oder Heidelbeeren.

Gebratene Bananen

2 Mini-Bananen, nicht zu reif
1 Msp. Butter
1 TL Akazienhonig

Bananen schräg in Stücke schneiden. In einer beschichteten Pfanne in der Butter zugedeckt erwärmen. Anrichten und den Honig darüberträufeln.

Reisbecher

15 g Klebreis
knapp 1 dl Milch
1 Msp. Vanillezucker
1 TL Mandelmus
2 EL Himbeerkonfitüre
1 Handvoll tiefgekühlte Beeren, ungezuckert

Klebreis mit Milch, Vanillezucker und Mandelmus aufkochen. 2 Minuten leise köcheln, zudecken und bei ausgeschalteter Herdplatte ausquellen lassen. Die Konfitüre mit den Beeren mischen. Lagenweise mit dem Reis in ein hohes Glas schichten. 1 Stunde kalt stellen.

Tip:
Sie können auch die doppelte Portion zubereiten und eine Woche im Kühlschrank aufbewahren.

Grundrezepte

SNACKS UND DRINKS ZWISCHENDURCH

Hunger zwischen den Mahlzeiten? Kein Problem, vorausgesetzt, Sie essen das Richtige. Das kann auch ein erfrischender Frucht- oder Gemüsedrink sein. Zu Hause oder unterwegs.

Für den kleinen Hunger

Zum Knabbern

1 Rüebli, 4–5 Radiesli, 1 Stück Rettich, 1 Stück Bleichsellerie, 1/2 Fenchel, 1/2 Kohlrabi, 1 Stück Gurke, 1 Handvoll Rosinen, 20 g Nüsse, 30 g Dörrobst

Zum Anbeissen

1 kleiner Apfel, 1 Birne, 1 Kiwi, 1 Stück Ananas, 1 mittelgrosse Banane, 1 rosa Grapefruit, 1 kleine Mango, 1 Papaya, 1 Orange, 1 Tomate, 200 g Beeren

Zum Trinken

Süssmost, Tomatensaft, Vollmilch, Buttermilch, Kefir, Rüeblisaft mit 1 Tropfen kaltgepresstem Öl, ungezuckerter Beerensaft, Lindenblütentee mit Apfelsaftkonzentrat. Jeweils 1–2 dl langsam trinken. Keine eisgekühlten Getränke.

Früchte für den kleinen Hunger

Grundrezepte

Vitale Mahlzeiten zum Mitnehmen

Ideal ist es, wenn Sie die Eiweissmahlzeit am Arbeitsplatz ebenfalls am Mittag essen. Andernfalls nehmen Sie die Kohlehydratmahlzeit mit ins Büro und kochen dann abends zu Hause das eigentliche Mittagessen. Hier ein paar Vorschläge:

Eiweissmahlzeiten

- Thon-Fenchel-Salat mit Radieschen
- Kaltes Roastbeef mit Meerrettich-Rahm und kurz blanchiertes Gemüse
- Spargeln gekocht mit einem wachsweichen Ei und etwas gehobeltem Sbrinz oder Parmesan
- Gefüllte Avocado mit Crevetten und Früchten
- Pouletbrüstli gebraten, kalt aufgeschnitten, mit Fenchelsalat
- Gebratene Tatareburger mit Tomaten
- Kräuter-Quark mit verschiedenen rohen oder kurz blanchierten Gemüsen
- Melone mit Rohschinken
- Tomaten mit Mozzarella
- Carpaccio aus Rindfleisch mit Käse
- Salade Niçoise aus gekochten Bohnen, Tomaten, Zwiebeln, gekochtem Eiweiss und Thon

Kohlehydratmahlzeiten

- Maissalat mit Avocado, Gemüse und Blattsalat
- Gefüllte Tomaten mit Couscous
- Sandwiches mit Vollkornbrot, belegt mit Gemüse und Vollfettkäse, wie z.B. Mozzarella, Feta, Gorgonzola usw.
- Griechischer Salat aus Gurken, Tomaten, Oliven, Blattsalat, Zwiebeln und Fetakäse und 1 Scheibe Vollkornbrot
- Quark-Müsli mit geraffeltem Gemüse oder Heidelbeeren und geröstetem Quinoa oder Vollkornflocken
- Rahmquark mit zerdrückter Banane auf Knäckebrot
- Rahmquark oder Mascarpone auf Vollkornbrot streichen. Geraffeltes Rüebli oder anderes Gemüse daraufstreuen

Mango-Drink

1 Becher Naturejoghurt, teilentrahmt, 180 g
2 TL Zitronensaft
1 kleine reife Mango, gewürfelt
1 Prise Meersalz
2 dl kohlensäurehaltiges Mineralwasser, kalt

Alle Zutaten bis und mit Mineralwasser im Mixer pürieren. Mit Mineralwasser aufgiessen und sofort servieren.
Tip:
Früchte oder Beeren der Saison (ausser Bananen und Feigen) verwenden.

Joghurt-Punch

1 Becher Naturejoghurt, 180 g
1,5 dl Heidelbeersaft, ungezuckert
1 frisches Eigelb
1 reife Mini-Banane
1 EL Hefe- oder Reisflocken

Alle Zutaten im Mixer pürieren. Mit Eiswürfeln servieren.
Tip:
Dieser Drink kann ein Frühstück oder ein Abendessen ersetzen.

Rindfleisch mit Auberginen und Gemüse (Rezept auf Seite 37)

Asiatische Rezepte

VITAL TRENNEN AUF EXOTISCHE ART

Die gesunde Ernährungsweise der Asiatinnen und Asiaten eignet sich bestens für die vitale Trennkost. Sei es für einzelne Gelüste der exotischen Art oder für eine ganze Woche mit entsprechendem Menüplan.

Frühstück

Trinken Sie als erstes am Morgen eine Tasse frisch aufgebrühten Schwarz-, Grün-, weissen oder Jasmintee. Dann essen Sie soviel exotische Früchte zum Frühstück, wie Sie mögen (nicht direkt aus dem Kühlschrank – am besten am Abend vorher herausnehmen). Die Früchte können Sie auch als Saft, am besten frisch gepresst, geniessen.

Auswahl

Ananas, Papaya, Mango, Kiwi, Lychées, Mangostane, Passionsfrucht, Apfel-, Zucker- oder Minibananen
Wichtig:
Bananen dürfen nicht mit den anderen Früchten gleichzeitig gegessen werden.

Eiweiss

Rindfleisch mit Auberginen und Gemüse
(Foto auf Seite 36)

125 g Rindsfilet oder -huft
einige Tropfen Sesamöl
1 Stück Ingwerwurzel, gerieben
2 TL Maiskeimöl
2 Frühlingszwiebeln, geviertelt
250 g gelbe oder weisse Auberginen, geviertelt
Salz, Pfeffer aus der Mühle
1 TL Fischsauce
wenig rote Currypaste
1 1/2 dl Gemüsebouillon
1 Zitronenblatt
einige Blätter Thai-Basilikum

Rindsfilet oder -huft in feine Streifen schneiden. Mit Sesamöl und Ingwer mischen und zugedeckt 5 Minuten marinieren. Anschliessend im heissen Öl unter Wenden braten. Zwiebeln und Auberginen beifügen, mitbraten. Mit Salz, Pfeffer und Fischsauce würzen. Currypaste mit Bouillon verrühren und zum Fleisch geben. Zugedeckt 10 Minuten ziehen lassen. Vor dem Servieren fein geschnittenes Zitronenblatt und Basilikum darüberstreuen.
Tip:
Anstelle von Auberginen auch Zucchini, festen Kürbis oder kurz blanchierte Bohnen verwenden.

Thailändischer Pouletsalat
(Rezept auf Seite 39)

Asiatische Rezepte

Gebratener Tofu mit Basilikum

2 TL Maiskeimöl
1 kleine Knoblauchzehe, fein gehackt
200 g Bohnen
1 kleiner roter Peperone, Streifen
250 g Tofu, gewürfelt
2 TL Fischsauce
Salz
einige Blätter Thai-Basilikum

Öl in einer grossen Bratpfanne erhitzen. Knoblauch unter Rühren kurz braten. Bohnen und Peperone beifügen, 3 Minuten rührbraten. Tofuwürfel dazugeben, 2 Minuten rührbraten, mit Fischsauce und Salz würzen. Weitere 3 bis 4 Minuten garen, bis die Bohnen weich sind. Vor dem Servieren mit fein geschnittenem Basilikum bestreuen.

Tips:
Anstelle von Tofu Rindfleisch verwenden. Gut schmecken die langen asiatischen Schnurbohnen; man schneidet sie in fingerlange Stücke.

Fisch in Folie mit Gemüsestreifen

1 Tranche Baudroie oder Kabeljau, 150 g
je 1 TL Limonensaft und Fischsauce
2 Rüebli
100 g Bohnen
100 g Bambussprossen
4 Shiitake-Pilze

Sauce:
1 Frühlingszwiebel, fein gehackt
1 TL Maiskeimöl
wenig Ingwerwurzel, gerieben
wenig Chilischote, fein geschnitten
1 Zitronenblatt, fein geschnitten
1,2 dl Tomatensaft
2 EL Reisessig

Den Fisch mit Limonensaft und Fischsauce marinieren. In Folie wickeln und in der Mitte des vorgeheizten Backofens bei 225 Grad 15 bis 20 Minuten garen. Die Gemüse und Pilze in feine Streifen schneiden. Im siedenden Salzwasser al dente garen. Abgiessen und warm stellen. Für die Sauce Zwiebel im nicht zu heissen Öl glasig dünsten. Ingwer, Chili, Zitronenblatt und Tomatensaft beifügen und heiss werden lassen. Mit Reisessig und Fischsauce abschmecken. Das Gemüse auf dem Fisch anrichten, Sauce dazu servieren.

Satéspiessli mit Erdnuss-Sauce und Gemüse

1 Pouletbrüstchen, 150 g
Salz, wenig Curry und Kurkuma (Gelbwurz)
1,5 dl Kokos-Extrakt
2 EL Erdnüssli, gemahlen
wenig rote Currypaste
1 TL Fischsauce
2 TL Maiskeimöl
150 g Sojasprossen
1 Handvoll Spinatblätter

Das Pouletbrüstchen in gut zentimeterbreite Streifen schneiden, würzen und mit drei Esslöffel Kokos-Extrakt beträufeln. Zugedeckt 15 Minuten im Kühlschrank marinieren. Erdnüssli mit restlichem Kokos-Extrakt, Currypaste und Fischsauce unter Rühren aufkochen, erkalten lassen. Pouletstreifen wellenförmig auf Bambusspiesschen auffädeln, mit wenig Öl bepinseln. In der heissen Grillpfanne auf beiden Seiten braten. Sojasprossen und Spinat im restlichen Öl unter Wenden rasch braten, würzen. Mit der Erdnuss-Sauce zu den Spiesschen servieren.

Thailändischer Pouletsalat
(Foto auf Seite 38)

1 Pouletbrüstchen, 150 g
je 1 TL Sesam- und Maiskeimöl
Salz, Pfeffer aus der Mühle
1 Schalotte, fein gehackt
2 Frühlingszwiebeln, fein gehackt
1 Stück Zitronengras, fein geschnitten
1 Stück Chilischote, fein gewürfelt
2 EL Limonensaft
1 TL helle Sojasauce
1 kleiner Lattich
einige Koriander- oder Minzeblättchen

Das Pouletbrüstchen mit den beiden Ölsorten, Salz und Pfeffer einreiben. Im Dämpfkörbchen zugedeckt 10 Minuten ziehen und anschliessend darin auskühlen lassen. Dann mit einem grossen Messer fein schneiden. Schalotte, Frühlingszwiebeln, Zitronengras und Chilischote beifügen, dabei weiterhacken, bis alle Zutaten gründlich miteinander vermischt sind. Mit Limonensaft, Sojasauce, Salz und Pfeffer würzen. Pouletsalat auf den Lattichblättern anrichten, mit Koriander oder Minze bestreuen.

Asiatische Rezepte

Kalbfleisch Sweet and Sour

Zutaten:
100 g Kalbsplätzli, Nierstück
je 1 TL helle Sojasauce und trockener Sherry
einige Tropfen Sesamöl
Salz, Pfeffer aus der Mühle
1 Fleischtomate, enthäutet, gewürfelt
1–2 TL Limonensaft oder Reisessig
1/2 TL rote Currypaste
1 Frühlingszwiebel, geviertelt
1 kleiner grüner Peperone, gewürfelt
1 Baby-Ananas, gewürfelt

Das Kalbsplätzli in Würfel schneiden. Mit Sojasauce, Sherry, Sesamöl, Salz und Pfeffer 10 Minuten marinieren. In einer beschichteten Bratpfanne unter Wenden rasch anbraten. Tomaten, Limonensaft oder Essig und Currypaste beifügen, bei kleiner Hitze 10 Minuten köcheln. Frühlingszwiebel, Peperone und Ananas zum Fleisch geben und kurz heiss werden lassen. Mit Salz und Pfeffer abschmecken.

Riesencrevetten mit rotem Curry

Zutaten:
1 Schalotte, fein gehackt
1 Stück Ingwerwurzel, gerieben
1 Stück Chilischote, fein gehackt
1–2 TL rote Currypaste
1 TL Maiskeimöl
1,5 dl Kokos-Extrakt
4 Riesencrevettenschwänze, geschält
2 TL Fischsauce
wenig Limonensaft
1–2 Zitronenblätter, fein geschnitten
2 Zucchini
einige Blätter Thai-Basilikum

Schalotte, Ingwer, Chilischote und Currypaste im Öl kurz braten. Kokos-Extrakt dazugiessen und bei kleiner Hitze 5 Minuten köcheln lassen. Crevettenschwänze dem Rückgrat entlang einschneiden, entdarmen. In die leicht kochende Sauce geben, würzen. 4 Minuten ziehen lassen. Zucchini im Dampf zugedeckt knapp weich garen. Basilikum fein schneiden und über die Crevetten streuen, mit Zucchini servieren.

Crevetten-Ananas-Curry

Zutaten:
2 dl Kokos-Extrakt
1–2 TL rote Currypaste
1 EL Fischsauce
1 Baby-Ananas, gewürfelt
100 g Kefen, frisch oder tiefgekühlt
150 g Crevettenschwänze, geschält
1 kleine rote Chili, Ringe
Salz, Pfeffer
einige Korianderblättchen

Kokos-Extrakt mit Currypaste aufkochen, 3 Minuten leise köcheln. Fischsauce und Ananas beifügen, weitere 3 Minuten ziehen lassen. Kefen, Crevetten und Chili dazugeben. Köcheln, bis die Crevetten rosa werden, würzen. Vor dem Servieren mit Korianderblättchen bestreuen.

Tip:
Currysauce mit einigen Tropfen Tamarindensauce (oder in wenig Wasser aufgelöstes Tamarindenpulver) würzen. Ist in asiatischen Läden erhältlich.

Fischsteak mit Ingwer-Peperoni-Sauce

Zutaten:
1 Haifisch- oder Schwertfischsteak, 150 g
wenig Maiskeimöl
Sauce:
1 Schalotte, fein gehackt
1 Knoblauchzehe, gepresst
1/2 TL Sesamöl
1 TL geriebene Ingwerwurzel
1 gelber Peperone, fein gewürfelt
1 dl Hühnerbouillon
2 TL Reisessig
1 TL helle Sesampaste (Miso)
1 TL Limonensaft
Salz

Für die Sauce Schalotte und Knoblauch im Sesamöl 1 Minute rührbraten. Ingwer und Peperone beifügen, mit Bouillon ablöschen. Zudecken, 10 Minuten köcheln, dann würzen.
Den Fisch mit Küchenpapier trockentupfen. Auf beiden Seiten mit Öl bepinseln. In der Grillpfanne unter Wenden knapp 2 Minuten (je nach Dicke) braten. Mit der Sauce servieren. Dazu passt Broccoli.

Tip:
Die Sauce nach Belieben im Cutter pürieren.

Asiatische Rezepte

Kohlröllchen in Bouillon

2–3 grosse Chinakohlblätter
4–6 Schnittlauchröhrchen, blanchiert
2 dl Gemüsebouillon
Füllung:
125 g gemischtes Hackfleisch
1 Frühlingszwiebel, fein gehackt
4 Shiitake-Pilze
2–3 TL Fischsauce
Salz, Pfeffer

Chinakohlblätter in siedendem Salzwasser kurz blanchieren, kalt abschrecken und gut abtropfen lassen. Die festen Rippen flach schneiden. Für die Füllung alle Zutaten mischen, würzen. In die Mitte der Chinakohlblätter verteilen. Seiten einschlagen, satt aufrollen und mit den Schnittlauchröhrchen festbinden. In einer weiten Pfanne die Bouillon aufkochen. Röllchen darin 15 Minuten zugedeckt ziehen lassen. Heiss servieren.

Pfannengerührtes aus dem Wok

1–2 Karotten
1 Frühlingszwiebel
100 g Shiitake
100 g Schweinsfilet
1 TL Maiskeimöl
150 g Kefen, entfädelt
50 g Spinatblätter
1 Handvoll Sojasprossen
3 EL trockener Sherry
2 TL Sojasauce
1 Msp. Sambal Oelek
Salz, Pfeffer, Basilikum

Karotten und Frühlingszwiebel schräg in Scheiben und Shiitake in Streifen schneiden. Schweinsfilet in feine Scheibchen schneiden. In 1/2 Teelöffel Öl rasch anbraten, herausnehmen und zugedeckt beiseite stellen. Karotten, Frühlingszwiebel, Shiitake und Kefen im restlichen Öl 2 Minuten rührbraten. Hitze reduzieren. Spinat und Sojasprossen beifügen, kurz mitbraten, würzen. Fleisch zum Gemüse geben, mischen.
Tip:
Schweinsfilet durch ein Huftplätzli vom Rind ersetzen. Schmeckt auch gut mit Poulet oder Truthahn. Gemüse der Saison verwenden.

Lauch mit Sesam-Dip / Eierblumensuppe

1 kleiner Lauchstengel, Ringe
Dip:
1 TL Sesam-Mus (Tahin)
2 EL helle Sojasauce
wenig Chili, Ringe
Eierblumensuppe:
2–3 dl Hühnerbouillon
1 kleines Ei, verquirlt
wenig Sojasauce
1 Tropfen Sesamöl
Pfeffer aus der Mühle
1 Tranche Schinken, 50 g
1 Handvoll Spinat

Den Lauch im Dampf al dente garen. Für den Dip alle Zutaten verrühren und zum warmen Lauch als Vorspeise servieren.
Für die Suppe die Bouillon aufkochen. Ei, Sojasauce, Sesamöl und Peffer verquirlen. Durch ein Sieb, unter ständigem Rühren, in die kochende Bouillon geben. Schinken fein schneiden, mit Spinat beifügen und in einem vorgewärmten Teller anrichten.
Tip:
Nur mit Eigelb zubereitet, wird die Suppe zur Kohlehydratmahlzeit für abends: Anstelle des Schinkens Dim-Sum mit Gemüse, Tortellini mit Spinat, Glasnudeln oder feine Eiernüdeli als Einlage verwenden.

Grundrezept für Currypasten

Rote Currypaste:
1 EL Koriandersamen, 7 schwarze Pfefferkörner und wenig Zimtstengel in einer Pfanne rösten, bis alles intensiv duftet. Mit 5 bis 15 getrockneten, eingeweichten und entkernten (!) Chili, 6 Schalotten, 10 Knoblauchzehen, 2 Stengel Zitronengras, je einem Stück geriebenem frischem Ingwer und Galgant, 1 Stück Kaffirzitronenschale und 1 EL Salz im Mixer pürieren. Luftdicht verschlossen im Kühlschrank 3 Monate haltbar.
Grüne Currypaste:
Mit frischen grünen Chili zubereiten. Frische Spinat- oder Korianderblätter mitmixen, damit die Paste schön grün wird.

*Zitronengras-Suppe
mit Pilzen, Reis und Gemüse
(Rezept auf Seite 43)*

Asiatische Rezepte

Kohlehydrate

Zitronengras-Suppe mit Pilzen, Reis und Gemüse
(Foto auf Seite 42)

3 dl Gemüsebouillon, siehe Grundrezept unten
1 Stück Zitronengras, fein geschnitten
1 Zitronenblatt, fein geschnitten
2 EL Reis (Basmati)
4 kleine Maiskölbchen, halbiert
Salz, wenig Fischsauce
25 g Shiitake-Pilze, geschnitten
50 g Sojasprossen
150 g Bohnen, fein geschnitten
wenig rote Chili, fein geschnitten
einige Korianderblättchen

Gemüsebouillon mit Zitronengras, -blatt, Reis und Maiskölbchen aufkochen. Bei kleiner Hitze 10 Minuten köcheln, würzen. Pilze, Sojasprossen und Bohnen beifügen und 5 Minuten mitköcheln. Chili und Korianderblättchen in die Suppe geben, heiss servieren.

Tips:
Anstelle von Zitronengras und -blatt fein abgeriebene Zitronenschale verwenden. Reis durch Reisnudeln (die man erst im kalten Wasser quellen lässt) ersetzen. Die Gemüse können beliebig ausgetauscht werden: Kefen, Erbsen, Blumenkohl, Zucchini etc.

Grundrezept Gemüsebouillon:

1,5 l Wasser
1 grosse Zwiebel, geviertelt
1 grosses Rüebli, gewürfelt
150 g Sellerie, gewürfelt
3–4 Korianderzweige
1 TL schwarze Pfefferkörner

Alle Zutaten in einer Pfanne aufsetzen, aufkochen und bei mittlerer Hitze 30 Minuten köcheln. Erkalten lassen, absieben und zugedeckt im Kühlschrank aufbewahren.

6 kleine Reisblätter, tiefgekühlt
Füllung:
25 g Glas- oder Reisnudeln
50 g Shiitake-Pilze, fein geschnitten
50 g Sojasprossen
2 Rüebli, fein geschnitten
1 Handvoll Spinat, fein geschnitten
1 kleine Knoblauchzehe, gepresst
1 EL helle Sojasauce
Pfeffer
Maiskeimöl zum Braten
Gurkensalat:
1/2 Salatgurke
1/2 Schalotte
wenig Chili
1 Prise Zucker
wenig Fischsauce

Frühlingsröllchen mit Gurkensalat

Reisblätter auf einem feuchten Küchentuch auftauen lassen. Für die Füllung Nudeln mit kochendheissem Wasser übergiessen und quellen lassen. Abgiessen und gut abgetropft mit den übrigen Zutaten mischen, würzen. Füllung in die Mitte der Reisblätter verteilen, Seiten darüberschlagen und satt aufrollen. Öl in einer beschichteten Bratpfanne erhitzen. Vier Röllchen unter Wenden langsam knusprig braten (die beiden andern zugedeckt für Mittwoch in den Kühlschrank stellen). Für den Salat Gurke schälen, halbieren, entkernen und fein hobeln. Schalotte und Chili ebenfalls fein schneiden und mit der Gurke mischen. Mit Zucker und Fischsauce abschmecken. Zu den Frühlingsröllchen servieren.

250 g Gemüse, z.B. Bambussprossen, Bohnen, Rüebli, kleine Maiskölbchen
1 Zucchini oder kleine Thai-Aubergine
1 frisches Eigelb
wenig Fischsauce
Maiskeimöl zum Braten
2 Frühlingsröllchen vom Vortag
1/2 Gurke
Sauce:
4 EL Hot-Chilisauce
1 Frühlingszwiebel, fein gehackt
1 Knoblauchzehe, gepresst
2 EL Fischsauce

Gemüseplatte mit scharfem Dip

Die Gemüse in mundgerechte Stücke schneiden. Im Dämpfkörbchen zugedeckt knackig garen. Zucchini oder Aubergine in Scheiben schneiden. Eigelb mit Fischsauce verrühren. Gemüsescheiben darin wenden und im nicht zu heissen Öl unter Wenden braten. Frühlingsröllchen in der gleichen Pfanne ebenfalls rundum braten. Für die Sauce alle Zutaten verrühren. Warmes Gemüse, gebratene Zucchini oder Aubergine und Frühlingsröllchen auf einer Platte anrichten. Sauce dazu servieren.

Teigtäschli mit Gemüsestreifen (Rezept auf Seite 45)

Asiatische Rezepte

Fried Rice mit Gemüse

1 Tasse Reis (Basmati)
1 Tasse Wasser
1 grüne Chili, fein geschnitten
1 Frühlingszwiebel, fein gehackt
2 TL Maiskeimöl
1 kleiner roter oder grüner Peperone, fein geschnitten
25 g Shiitake-Pilze, fein geschnitten
50 g Bohnen, klein geschnitten
2 EL Gemüsebouillon
2–3 EL helle Sojasauce
einige Blätter Thai-Basilikum

Den Reis in einem Sieb unter fliessendem Kaltwasser waschen, abtropfen lassen. In eine Pfanne geben, Wasser dazugiessen und aufkochen. Hitze auf die kleinste Stufe stellen und Pfanne zudecken. Nach 14 Minuten einmal umrühren, dann erkalten lassen. Chili und Frühlingszwiebel im nicht zu heissen Öl andünsten. Peperone, Pilze und Bohnen beifügen, mitdünsten. Hitze höher stellen, die Hälfte des gekochten Reises dazugeben und unter Wenden kurz braten. Mit Bouillon, Sojasauce und Basilikum abschmecken.

Tip:
Reis können Sie ohne weiteres auf Vorrat zubereiten. Nach dem Erkalten zudecken und im Kühlschrank aufbewahren.

Gemüsecurry mit Reis

1 kleiner Blumenkohl
1 Frühlingszwiebel, fein gehackt
1 Chili, fein geschnitten
2 TL Bratbutter
1 kleines Stück frischen Ingwer
1 TL Currypulver
1 Prise Kreuzkümmel (Cumin), gemahlen
100 g Sauerrahm, 35 % F.i.Tr.
1 TL Maiskeimöl
gekochter Reis vom Vortag
Salz
wenig gehackte Petersilie

Den Blumenkohl in kleine Röschen teilen. Frühlingszwiebel und Chili in der Bratbutter andünsten. Ingwer dazureiben, Blumenkohl beifügen und unter Wenden mitbraten. Curry und Kreuzkümmel darüberstäuben. Einige Esslöffel Sauerrahm darunterrühren, Pfanne zudecken und Blumenkohl 8 bis 10 Minuten bei kleinster Hitze ziehen lassen. Reis im heissen Öl unter Wenden rasch braten. Restlichen Sauerrahm über den Blumenkohl verteilen, salzen und mit Petersilie bestreuen.

Linsengericht mit Spinat und Sauerrahm

100 g rote Linsen
1 Msp. Safran
2,5 dl Gemüsebouillon
1 Frühlingszwiebel, fein gehackt
1 kleines Stück Ingwer, gerieben
wenig Chili, fein geschnitten
1 TL Bratbutter
200 g Blattspinat
Salz
50 g Sauerrahm, 35 % F.i.Tr.

Die Linsen mit Safran und Bouillon in eine Pfanne geben. Zugedeckt bei kleiner Hitze 15 Minuten köcheln. Zwiebel, Ingwer und Chili in der Bratbutter andünsten. Tropfnassen Spinat beifügen und zugedeckt zusammenfallen lassen. Gekochte Linsen abgiessen, zum Spinat geben, salzen. Mit Sauerrahm servieren.

Teigtäschli mit Gemüsestreifen
(Foto auf Seite 44)

4 kleine Reisblätter, tiefgekühlt
Füllung:
50 g Shiitake, fein geschnitten
50 g Sojasprossen
4 Chinakohlblätter, fein geschnitten
1 Handvoll Spinat, fein geschnitten
1 kleine Knoblauchzehe, gepresst
1 kleines Stück Ingwer, gerieben
einige Tropfen helle Sojasauce
1 EL trockener Sherry
1 TL Sesamöl
Salz, Pfeffer aus der Mühle
1 TL Maiskeimöl zum Braten
4 EL Gemüsebouillon

Reisblätter auf einem feuchten Küchentuch auftauen lassen. Für die Füllung alle Zutaten mischen, würzen und zugedeckt 10 Minuten ziehen lassen. Dann in die Mitte der Reisblätter verteilen, Ränder mit Wasser bepinseln und zu Beutelchen zusammendrücken. Nebeneinander im nicht zu heissen Öl braten. Sobald die Unterseite knusprig ist, Hitze reduzieren, mit Bouillon ablöschen und zugedeckt 10 Minuten ziehen lassen. Sojasauce dazu servieren.

*Süsser Kürbis
(Rezept auf Seite 48)*

Asiatische Rezepte

Reismehl-Omelette

Teig:
35 g Reismehl
40 g Weissmehl
1 TL Maizena
1 Msp. Kurkuma
2,5 dl Wasser

Füllung:
1 Lauchstengel, fein geschnitten
2 TL Maiskeimöl
1/2 roter Peperone, Streifen
150 g Sojasprossen
1 TL geriebene Ingwerwurzel
Salz, Pfeffer
1 Tropfen Sesamöl
1 TL Sesamsamen, geröstet

Für den Teig alle Zutaten glattrühren. 30 Minuten bei Zimmertemperatur quellen lassen. Für die Füllung Lauch in wenig Öl andünsten. Peperone und Sojasprossen beifügen, 3 Minuten rührbraten. Mit Ingwer, Salz, Pfeffer und Sesamöl würzen. Eine beschichtete Pfanne mit dem restlichen Öl bepinseln. Ein bis zwei Omeletten backen, füllen und in der Hälfte überschlagen. Mit Sesamsamen bestreuen.

Chinesische Nudelpfanne

60 g chinesische Nudeln
1 EL Austernsauce
1 TL helle Sojasauce
3 EL Hühnerbouillon
2 Tropfen Sesamöl
wenig weisser Pfeffer
1 EL Maiskeimöl
1 Lauchstengel, Scheiben
1 TL geriebene Ingwerwurzel

Die Nudeln im siedenden Salzwasser al dente kochen, abgiessen, kalt abschrecken und gut abtropfen lassen. Austern-, Sojasauce, Hühnerbouillon und Pfeffer mischen. Öl in einem Wok oder in einer Bratpfanne erhitzen. Lauch und Ingwer darin eine Minute rührbraten. Hitze etwas reduzieren. Nudeln beifügen und eine Minute weiterbraten. Sauce darübergiessen, kurz heiss werden lassen. Sofort servieren.

---

1 kleine Zwiebel, fein gehackt
2 Msp. Butter
200 g Shiitake-Pilze, Streifen
3 EL trockener Weisswein
2,5 dl Gemüsebouillon
25 g Glasnudeln
1 frisches Eigelb
2 EL Sauerrahm (35% F.i.Tr.)
2 EL Petersilie, gehackt
1 EL Schnittlauchröllchen
Salz, Pfeffer
3–4 Radieschen

Pilzsuppe mit Glasnudeln

Die Zwiebel in der Butter andünsten. Shiitake-Pilze beifügen und kurz mitdünsten. Mit Wein und Gemüsebouillon ablöschen. Suppe zugedeckt 15 Minuten köcheln. Glasnudeln mit der Schere in Stücke schneiden. In die leicht kochende Flüssigkeit geben und quellen lassen. Eigelb, Sauerrahm, Kräuter und Gewürze mischen. Unter Rühren langsam in die Suppe geben. Vor dem Servieren mit gehackten Radieschen bestreuen.

Tips:
Anstelle der Radieschen eine Handvoll Sojasprossen in die Suppe geben. Shiitake-Pilze durch weisse oder braune Champignons ersetzen.

---

2 TL Maiskeimöl
1 Frühlingszwiebel, fein gehackt
100 g Thai-Bohnen, geschnitten
1 kleines Rüebli, Streifen
1/2 roter Peperone, Streifen
4 kleine Maiskölbchen
100 g Blumenkohlröschen
1 kleine rote Chili, Ringe
1 kleine Tomate, gewürfelt
1 TL Reisessig
2 TL helle Sojasauce
je 1 Msp. Nelken- und Sternanispulver

Gemüse Sweet and Sour

Öl im Wok oder in einer Bratpfanne erhitzen. Frühlingszwiebel darin 30 Sekunden rührbraten. Vorbereitete Gemüse dazugeben und 5 Minuten rührbraten. Chili und Tomate unter das Gemüse mischen und heiss werden lassen, würzen. Dazu passt Parfümreis.

Asiatische Rezepte

Desserts

Zu Kohlehydratmahlzeiten

Süsser Kürbis
(Foto auf Seite 46)

1 dl Kokos-Extrakt
1 Stück Palmzucker, gerieben oder
2 TL Rohrzucker
1 Prise Salz
100 g fester Kürbis, gewürfelt
Minzeblättchen zum Garnieren

Das Kokos-Extrakt mit Zucker und Salz aufkochen. Kürbiswürfel beifügen, halbbedeckt weich kochen. Lauwarm servieren. Mit Minzeblättchen garnieren.
Tip:
Anstelle von Kürbis eine nicht zu reife Apfel- oder Zuckerbanane in fünf Zentimeter lange Stücke schneiden und in der Kokosmilch ziehen lassen.

Bananenküchlein

1 Banane, püriert
2 TL Mehl
1 Eigelb
1 TL Vollzucker
2 TL Maiskeimöl

Bananenpüree, Mehl, Eigelb und Zucker mischen. Teelöffelgrosse Portionen ins nicht zu heisse Öl geben, flachdrücken und unter Wenden goldbraun braten.

Gebratene Reisrollen

2 kleine Reisblätter, tiefgekühlt
1 TL Maiskeimöl
2 TL Honig
1 EL Kokosflocken, geröstet

Die Reisblätter auf einem feuchten Küchentuch auftauen lassen. Aufeinanderlegen, Seiten einschlagen und wie eine Frühlingsrolle aufrollen. Im nicht zu heissen Öl in einer beschichteten Bratpfanne rundherum kurz braten. Mit Honig beträufeln und mit Kokosflocken bestreuen.
Tip:
Anstelle von Kokosflocken gehackte Baumnüsse verwenden.

1 reife Feige
2 kleine Reisblätter
1 TL Honig

Dim-Sum

Die Feige übers Kreuz einschneiden. Die Reisblätter mit Wasser befeuchten, aufeinanderlegen. Feige in die Mitte setzen, mit Honig beträufeln. Zu einem Beutelchen formen, im Dämpfkörbchen zugedeckt 15 Minuten erhitzen.
Tip:
Anstelle der Feige dicke Bananenscheiben verwenden.

Bananenspiesschen

0,5 dl Kokos-Extrakt
1 TL Rohrzucker
1 nicht zu reife Banane
1/2 TL Maiskeimöl

Kokos-Extrakt mit Zucker sirupartig einkochen. Banane in fingerdicke Scheiben schneiden, an Bambusspiesschen stecken. Mit Kokossirup bepinseln und im Öl unter Wenden braten.

Crêpes mit Kokoschips

Für 2 Portionen:
2 EL Kokosraspel
1 kleine Dose Kokos-Extrakt, 200 ml
25 g Reismehl (Reformhaus)
2 TL Rohrzucker
2 TL Maizena
1 EL Kokoschips

Kokosraspel im Cutter puderfein mahlen. 2 Esslöffel der dicken Rahmschicht des Extraktes abschöpfen und beiseite stellen. Rest mit Reismehl, Zucker und Maizena verrühren. In einer beschichteten Pfanne zwei Crêpes backen. Oberseite mit dem «Rahm» bestreichen, mit Kokoschips bestreuen. Heiss servieren.

Asiatische Rezepte

SIEBEN-TAGE-MENÜPLAN

	MORGEN	MITTAG/ZU HAUSE	ABEND	MITTAG/AUSWÄRTS
MO	Tee und Früchte zum Frühstück	Fisch in Folie mit Gemüsestreifen	Zitronengras-Suppe mit Pilzen, Reis und Gemüse Dessert nach Wahl	Asiatische Suppe mit Hühnerfleisch und Gemüse ohne Nudeln
DI	Tee und Früchte zum Frühstück	Satéspiessli mit Erdnuss-Sauce und Gemüse	Frühlingsröllchen mit Gurkensalat	Pfannengerührtes Gericht mit Fleisch
MI	Tee und Früchte zum Frühstück	Rindfleisch mit Auberginen	Gemüseplatte mit scharfem Dip Dessert nach Wahl	Rindfleisch-Curry mit Gemüse
DO	Tee und Früchte zum Frühstück	Gebratener Tofu mit Basilikum	Fried Rice mit Gemüse	Tofuschnitzel mit Salat oder Gemüse
FR	Tee und Früchte zum Frühstück	Thailändischer Pouletsalat	Gemüsecurry mit Reis	Asiatischer Rindfleischsalat mit Gemüse
SA	Tee und Früchte zum Frühstück	Kalbfleisch Sweet and Sour	Linsengericht mit Spinat und Sauerrahm	Thailändisches Rindfleischcurry Gemüse
SO	Tee und Früchte zum Frühstück	Riesencrevetten mit rotem Curry Gemüse	Teigtäschli mit Gemüsestreifen Dessert nach Wahl	Grillierte Riesencrevetten Salat oder Gemüse
		EIWEISS	KOHLEHYDRATE	EIWEISS
GETRÄNKE-VORSCHLÄGE:		Gemüsesaft, Fruchtsaft, Wein, trockener Sherry, Champagner, Mineralwasser, Tee	Bier, Gemüsesaft, Mineralwasser, Tee	Gemüsesaft, Fruchtsaft, Wein, trockener Sherry, Champagner, Mineralwasser, Tee

Wichtig: Salat wird als Vorspeise mittags besonders empfohlen (Rezepte siehe Seite 25–27)

Antipasti
(Rezept auf Seite 51)

Italienische Rezepte

GLÜCKLICH UND SCHLANK DANK PASTA

Pasta macht glücklich und mit der richtigen Salsa auch schlank. Das Beste aus der Cucina italiana von Antipasti bis Panna cotta. Mit Wochenplan, weil man davon nie genug bekommt.

Frühstück

Eiweiss

Avocado-Müesli

1/2 reife Avocado
0,5 dl Orangen- oder Zitronensaft
100 g Mager- oder Halbfettquark
1 Handvoll Heidelbeeren, tiefgekühlt

Avocado mit dem Fruchtsaft pürieren, unter den Quark mischen und Beeren darüberstreuen.

Kohlehydrate

Kaki-Müesli

1 reife Kaki (Sharonfrucht)
1 Handvoll Heidelbeeren, tiefgekühlt
100 g Rahmquark
2 EL ungezuckerte Müeslimischung

Kaki mit einer Gabel zerdrücken, mit den Beeren unter den Rahmquark mischen und die Müeslimischung darüberstreuen.
Tip:
Anstelle der Kaki 4–6 frische Datteln, 2–3 reife Feigen oder 100 g sehr süsse Trauben fein schneiden.

Antipasti
(Foto auf Seite 50)

Die nachfolgenden Antipasti können Sie am Anfang der Woche zubereiten und gut verschlossen im Kühlschrank aufbewahren (bis zu zwei Wochen). Je nach Hunger und Lust stellen Sie sich vor jeder Mahlzeit einen kleinen Antipasto-Teller zusammen.

Cipolline brasate

200 g Schalotten, geschält
1 EL Olivenöl
1 Msp. Butter
2 TL Tomatenpüree
2 EL Wasser
2 EL Rotweinessig
Pfeffer aus der Mühle

Schalotten im siedenden Wasser blanchieren, kalt abschrecken und gut abtropfen lassen. Olivenöl und Butter erwärmen, Schalotten darin langsam braten. Tomatenpüree mit Wasser und Essig anrühren, beifügen und Schalotten zugedeckt 30 Minuten schmoren. Dabei die Pfanne ab und zu schütteln. Würzen.

Oliven mit Mozzarella

100 g grüne oder schwarze Oliven
1 Beutel Mozzarelline, 120 g
3 EL Olivenöl
2 EL gehackte glattblättrige Petersilie
wenig Peperoncino, Ringe

Oliven mit gut abgetropften Mozzarelline, Olivenöl, Petersilie und Peperoncino mischen.
Tip:
Anstelle der Oliven Kapernfrüchte (Alcarrones en vinagre) verwenden.

*Fegato alla salvia
(Rezept auf Seite 53)*

Italienische Rezepte

Eingelegte Peperoni

je 1 roter, grüner und gelber Peperone
1 kleine Knoblauchzehe, fein gehobelt
1–2 dl Olivenöl

Peperoni in der trockenen Bratpfanne unter Wenden rösten, bis die Haut Blasen wirft. In einen Plastikbeutel geben, verschliessen und 5 Minuten ziehen lassen. Dann Peperoni enthäuten, halbieren (Saft auffangen), entkernen und in Viertel schneiden. Mit Knoblauch in ein Einmachglas mit Deckel geben, mit Olivenöl und Saft aufgiessen, bis sie bedeckt sind.

Eingelegte Zucchini und Auberginen

3 Zucchini und
2 Auberginen
Meersalz
Olivenöl zum Braten
1 Knoblauchzehe, fein gehobelt
Pfeffer aus der Mühle
1 dl Weissweinessig
1 kleiner roter Peperoncino, Ringe
2 Lorbeerblätter
Oregano oder Minze

Zucchini und Auberginen mit Salz bestreuen und Saft ziehen lassen. Dann trockentupfen und in Olivenöl unter Wenden braten. Auf Küchenpapier auskühlen lassen. Anschliessend mit Knoblauch in eine flache Form schichten, würzen. Essig, Peperoncino und Lorbeer aufkochen, noch heiss über die Gemüse giessen. Mit Oregano oder Minze bestreuen.

Tip:
Anstelle der Zucchini 500 g Austernpilze, Champignons oder Baby-Artischocken verwenden (vor dem Braten nicht mit Salz bestreuen).

Eiweiss

Fegato alla salvia
(Foto auf Seite 52)

1 Kalbsleberplätzli, 150 g
2 TL Olivenöl
Muskatnuss
Meersalz, Pfeffer
4–6 Salbeiblätter
1 Msp. Butter
2 Zitronenschnitze

Beilage:
Grillierter Radicchio (Trevisano), Grundrezept siehe Seite 29

Kalbsleberplätzli mit Küchenpapier trockentupfen. Olivenöl mit Muskatnuss in einer beschichteten Pfanne erwärmen. Leberplätzli und Salbeiblätter darin unter Wenden rasch braten. Pfanne von der heissen Herdplatte ziehen, würzen. Butter dazugeben und Leber zugedeckt 5 Minuten ziehen lassen. Mit Zitronenschnitzen und grilliertem Radicchio servieren.

Tips:
Zuerst ein paar Zwiebelringe im Olivenöl glasig dünsten. Leber beifügen und auf beiden Seiten rasch braten. Zwei Esslöffel Weisswein und etwas gehackte Petersilie dazugeben, zugedeckt 5 Minuten ziehen lassen. Anstelle der Leber geschnetzeltes Pouletfleisch verwenden.

Formaggini mit Bohnen

1 Formaggini, 100 g
grober Pfeffer
wenig Olivenöl
250 g grüne Bohnen, gefädelt
1 kleine Zwiebel, fein gehackt
1 TL Olivenöl
wenig Bohnenkraut
4 EL Gemüsebouillon
1 Tomate, gewürfelt
2 EL gehackte, gemischte Kräuter

Formaggini mit Olivenöl bepinseln und mit grobem Pfeffer bestreuen. Zugedeckt beiseite stellen. Grüne Bohnen je nach Länge halbieren. Zwiebel im Öl glasig dünsten. Bohnen und -kraut hinzufügen und kurz mitdünsten. Bouillon und Tomate dazugeben und zugedeckt 15 bis 20 Minuten köcheln. Formaggini in einer beschichteten Pfanne bei kleiner Hitze auf beiden Seiten golden braten. In den Kräutern wenden und zu den Bohnen servieren.

Tip:
Tomme oder Ziegenkäse können auf die gleiche Weise zubereitet werden.

*Gebackene Muscheln
mit Kräutern
(Rezept auf Seite 55)*

Italienische Rezepte

Polpette di Ricotta mit Spinat

100 g gehacktes Rindfleisch
50 g Ricotta
1 kleines Ei
1 EL geriebener Parmesan
Pfeffer, Muskatnuss
2 TL Olivenöl
3 EL Weisswein

Beilage:
Gedämpfter Spinat mit Minze, Grundrezept siehe Seite 29

Gehacktes Rindfleisch mit Ricotta, Ei und Parmesan vermischen, würzen. Mit nassen Händen zwei Polpette (Hacktätschli) formen. Olivenöl in einer beschichteten Pfanne erwärmen. Polpette darin auf beiden Seiten langsam braten. Weisswein dazugiessen, Pfanne zudecken und von der heissen Herdplatte ziehen. Polpette 5 Minuten stehen lassen. Dazu den Spinat servieren.

Tips:
Damit der Fleischteig nicht zu feucht wird, nur einen Teil des Eiweisses beifügen. Anstelle von Muskatnuss frische, fein gehackte Kräuter oder zerstossene Fenchelsamen verwenden.

Gebackene Muscheln mit Kräutern
(Foto auf Seite 54)

1 Paket tiefgekühlte neuseeländische Riesenmuscheln, 500 g
2 EL geriebener Parmesan
2 EL gehackte Petersilie
2 EL Olivenöl
Pfeffer

Beilage:
Gedämpfter Spinat, Grundrezept siehe Seite 29

Je nach Hunger 4 bis 6 tiefgekühlte Riesenmuscheln aus dem Paket nehmen (die restlichen gleich wieder in die Tiefkühltruhe zurückstellen). In einer ofenfesten Form im Kreis anordnen. Parmesan mit Petersilie und Olivenöl mischen, würzen. Über das Muschelfleisch verteilen. In der Mitte des auf 225 Grad vorgeheizten Backofens 4–6 Minuten überbacken. Dazu den gedämpften Spinat servieren.

Tip:
Anstelle der tiefgekühlten Muscheln frische verwenden: Erst unter dem fliessenden Wasser gründlich bürsten, mit wenig Zitronensaft zugedeckt garen, bis sie sich öffnen. Die eine Schalenhälfte sorgfältig lösen. Weiterfahren, wie im Rezept beschrieben.

Bollito mit Salsa verde

1 Zwiebel, Scheiben
1 TL Olivenöl
150 g Kürbis, gewürfelt
1 kleiner Fenchel, geviertelt
2 dl Rindsbouillon
1 Scheibe mageres, gekochtes Siedfleisch, 125 g

Sauce:
1 EL Olivenöl
2 Zweige glattblättrige Petersilie
1/2 EL Pinienkerne
Meersalz, wenig Pfeffer

Die Zwiebel im Olivenöl glasig dünsten. Kürbis und Fenchel beifügen, Bouillon dazugiessen und zugedeckt knapp weich garen. Siedfleisch in breite Streifen schneiden, zum Gemüse geben und 5 Minuten ziehen lassen. Kochflüssigkeit abgiessen, mit Olivenöl, Petersilienblättchen und Pinienkernen im Mixer pürieren, würzen. Bollito mit Gemüse auf einem vorgewärmten Teller anrichten, Sauce dazu servieren.

Tips:
Kürbis und Fenchel durch Stangensellerie, Rüebli, Lauch, Pastinaken, Broccoli oder Blumenkohl ersetzen. Wenn Sie Zeit haben, können Sie natürlich das Siedfleisch selber zubereiten und die Bouillon anschliessend fürs Gemüsegaren weiterverwenden.

Pollo «Cacciatora»

1 Zwiebel, Scheiben
1 Knoblauchzehe
2 TL Olivenöl
1 Pouletbrüstchen, 150 g
Meersalz, Pfeffer
1 kleiner Rosmarinzweig
3 EL Weisswein
125 g Pendolino-Tomaten, halbiert

Beilage:
Gedämpfter Broccoli, Grundrezept siehe Seite 29

Zwiebel und Knoblauch in einer beschichteten Pfanne im Olivenöl glasig dünsten. Pouletbrüstchen würzen, beifügen und auf beiden Seiten langsam goldgelb braten. Weisswein dazugiessen und einkochen lassen. Tomaten dazugeben und zugedeckt 5 Minuten erwärmen. Gedämpften Broccoli dazu servieren.

Tips:
Auf die gleiche Weise können Pouletflügelchen, Leberplätzli, Kalbsplätzli (vom runden Mocken), Fischfilets, Crevetten, Scampi und Muscheln zubereitet werden. Anstelle der frischen Tomaten Pelati aus der Dose verwenden.

Italienische Rezepte

Minestrone mit Pesto

1 Zwiebel, Scheiben
2 Scheiben Rohschinken, Streifen
1 TL Olivenöl
1 Rüebli, grob geschnitten
1 Stange Bleichsellerie, grob geschnitten
1 Handvoll grüne Bohnen, tiefgekühlt
1/4 Wirz, grob geschnitten
2,5 dl Gemüsebouillon
2 Pendolino-Tomaten, halbiert
1 EL Pesto-Sauce (Fertigprodukt)

Zwiebel und Rohschinken im Olivenöl glasig dünsten. Gemüse beifügen und kurz mitdünsten. Mit Bouillon ablöschen und Gemüse zugedeckt bei kleiner Hitze knapp weich garen. Tomaten beifügen und nur noch heiss werden lassen. Minestrone in einem Suppenteller anrichten, Pestosauce darüber verteilen.

Tips:
Anstelle des Rohschinkens geschnetzeltes Pouletfleisch verwenden oder Fleisch ganz weglassen.
Und so wird die Minestrone zur Kohlehydratmahlzeit:
Rohschinken weglassen, dafür zwei Esslöffel Mittelkornreis, 100 g Soisson-Bohnen aus der Dose oder 2 gewürfelte Kartoffeln mitdünsten.

Pouletbrüstli in Kapernsauce

1 Pouletbrüstchen, 150 g
wenig Olivenöl
Salz, Pfeffer
3 EL Weisswein
1 TL Zitronensaft
1 TL Kapern
1 Msp. Butter
1 TL Pinienkerne, geröstet

Beilage:
Gedämpfter Spinat, Grundrezept siehe Seite 29

Pouletbrüstchen auf beiden Seiten würzen. Eine beschichtete Pfanne mit wenig Olivenöl auspinseln. Pouletbrüstchen darin auf beiden Seiten 3 bis 4 Minuten braten. Herausnehmen und zugedeckt warmstellen. Bratensatz mit Wein loskochen, auf einen Esslöffel einkochen. Zitronensaft und Kapern dazugeben. Butter darunterrühren, Pouletbrüstchen samt Saft in die Sauce geben und kurz erwärmen. Mit gerösteten Pinienkernen bestreuen. Den Spinat dazu servieren.

Saltimbocca mit Kürbispüree

200 g Kürbis, gewürfelt
2–3 Kalbsplätzli, vom runden Mocken, dünn geschnitten
wenig Meersalz, Pfeffer
1 Scheibe Rohschinken, halbiert
4 Salbeiblätter
1 EL Olivenöl
3 EL Kalbsfond oder Fleischbouillon
1 Msp. Butter

Den Kürbis im Dämpfkörbchen zugedeckt weich garen. Kalbsplätzli mit Küchenpapier trockentupfen und flachklopfen. Auf beiden Seiten leicht würzen, mit Salbeiblättern belegen, mit Rohschinken umwickeln und mit einem Zahnstocher feststecken. Einen Teelöffel Olivenöl in einer beschichteten Bratpfanne erwärmen. Saltimbocca auf beiden Seiten gleichmässig braten, Kalbsfond oder Bouillon und Butter dazugeben. Pfanne zudecken, von der heissen Herdplatte ziehen und 2 Minuten stehenlassen. Gekochten Kürbis mit der Gabel zerdrücken, mit restlichem Olivenöl, Salz und Pfeffer abschmecken und zu den Saltimbocca servieren.

Tip:
Anstelle von Kalbfleisch Truten- oder Pouletfleisch oder Kaninchenrückenfilet verwenden.

Hackfleischtorte mit Rosmarin

1 dünne Scheibe Mortadella
2 TL Pinienkerne, geröstet
100 g gehacktes Rindfleisch
1 EL geriebener Parmesan
1 kleines Eigelb
Salz, Pfeffer, Muskatnuss
je 1 Prise Rosmarin und Thymian
1 kleiner Rosmarinzweig

Beilage:
Gedämpfter Lattich, Grundrezept siehe Seite 29

Mortadella fein hacken. Mit einem Teelöffel Pinienkernen, Hackfleisch, Parmesan und Eigelb gründlich vermischen, kräftig würzen. In eine ofenfeste Form geben, restliche Pinienkerne und Rosmarin darüberstreuen. In der Mitte des vorgeheizten Backofens bei 180 Grad 20 Minuten bakken. Lattich dazu servieren.

Italienische Rezepte

Kohlehydrate

Spaghetti mit Pesto rosso
(Foto auf der Titelseite)

75 g grüne Spaghetti
frischer Lorbeer
Meersalz

Pesto:
1 Ramati-Tomate,
enthäutet, entkernt
2 getrocknete
Tomaten
1–2 EL Olivenöl
je 2 Petersilien- und
Basilikumzweige
2 TL Pinienkerne,
geröstet
1 kleine Knoblauch-
zehe
1 EL geriebener
Parmesan
Pfeffer

Beilage:
Friséesalat

Spaghetti mit Lorbeer in siedendem Salzwasser al dente garen. Für den Pesto Tomaten, Olivenöl, Kräuter, Pinienkerne, Knoblauch und zwei Esslöffel Spaghetti-Kochwasser im Cutter nicht zu fein pürieren. Mit Parmesan und Pfeffer abschmecken. Spaghetti abgiessen und die Hälfte des Pestos sofort darunter mischen. Auf einem vorgewärmten Teller anrichten, restlichen Pesto darauf verteilen. Dazu den Friséesalat servieren.

Tips:
Anstelle der frischen Tomate eingelegte Peperoni verwenden; sie sind in Öl oder in Salzwasser (Glas) eingelegt erhältlich. Getrocknete Tomaten gibt es nature (vor der Verwendung zwei Stunden im lauwarmen Wasser einlegen) oder in Öl. Das Öl zum Kochen oder Würzen weiterverwenden. Die doppelte Menge Pesto ohne Käse und Knoblauch zubereiten und gut verschlossen im Kühlschrank aufbewahren. Bleibt eine Woche frisch.

1 kleiner roter
Peperone
1 kleine Zwiebel, fein
gehackt
1 Stengel
Bleichsellerie,
fein geschnitten
1 EL Olivenöl
1–2 Ramati-Tomaten,
enthäutet, entkernt
1 EL gehackte
Petersilie
Meersalz, Pfeffer aus
der Mühle
1 Scheibe Weissbrot,
getoastet
1 frisches Eigelb
1 EL geriebener
Parmesan

Beilage:
Gedämpfte Endivien,
Grundrezept siehe
Seite 29

Acqua cotta (Brotsuppe)

Peperone mit dem Sparschäler schälen, halbieren, entkernen und fein würfeln. Zwiebel und Bleichsellerie in einem Teelöffel Olivenöl glasig dünsten. Tomaten und Peperoni beifügen und mitdämpfen. 2 dl Wasser dazugiessen, 15 Minuten köcheln, würzen. Brot in einen vorgewärmten Suppenteller geben und warmstellen. Eigelb, Parmesan und einige Esslöffel Suppenflüssigkeit verquirlen. Auf die Brotscheiben geben, kochendheisse Suppe darübergiessen, umrühren. Restliches Olivenöl darüberträufeln und sofort servieren. Dazu gedämpfte Endivien servieren.

Tip:
Sie können auch eingelegte Peperoni statt frische verwenden.

150 g Kürbis,
gewürfelt
1 Rosmarinzweig
1 kleine Zwiebel,
fein gehackt
1 Knoblauchzehe
1 EL gehackte
Petersilie
1 TL Olivenöl
50 g Vialone-Reis
3 EL Weisswein
2 dl Gemüsebouillon
Meersalz, Pfeffer
1 EL geriebener
Parmesan
1 Msp. Butter

Beilage:
Gedämpfte Endivien,
Grundrezept siehe
Seite 29

Risotto alla zucca

Kürbis mit Rosmarin im Dämpfkörbchen zugedeckt weich garen. Zwiebel, Knoblauch und Petersilie im Olivenöl glasig dünsten. Reis beifügen und mitdünsten. Mit Wein ablöschen und einkochen. Die Bouillon nach und nach dazugiessen und den Reis al dente garen. Dabei öfter umrühren. Kürbis mit einer Gabel zerdrücken und unter den Risotto mischen, würzen. Parmesan und Butter beifügen und zugedeckt 3 Minuten ziehen lassen. Risotto mit dem gedämpften Gemüse servieren.

Tip:
Kürbis mit einigen Salbeiblättern dämpfen.

*Grillierter Radicchio
mit Polenta
(Rezept auf Seite 59)*

Italienische Rezepte

Grillierter Radicchio mit Polenta
(Foto auf Seite 58)

100 g mittelfeiner Maisgriess
5 dl Wasser
1 EL geriebener Parmesan
1 TL Butter
Meersalz
1–2 runde Radicchio (Chicorino rosso)
6 Mozzarelline
2 Sardellenfilets
Pfeffer
1 EL gehackte Petersilie
2 TL Olivenöl
1 kleiner Zucchino

Maisgriess unter Rühren ins kochende Wasser streuen. Bei kleiner Hitze unter Rühren zu einem dicken Brei einkochen. Parmesan und Butter daruntermischen, würzen. Mais auf einem kalt abgespülten Brett gut fünf Zentimeter dick ausstreichen. Radicchio kurz blanchieren, kalt abschrecken und gut abtropfen lassen. Mozzarelline und Sardellen ins „Herz" des Radicchio verteilen, würzen und mit einem Teelöffel Olivenöl beträufeln. Blätter über den Käse legen und evtl. mit Zahnstochern befestigen. Die Hälfte des Mais in Stücke schneiden. Den Rest in Folie wickeln und im Kühlschrank für Sonntag aufbewahren. Radicchio und Zucchino mit restlichem Olivenöl bepinseln und mit den Maisscheiben unter Wenden grillieren.

Weisse Bohnen mit Kräutern

1 Dose grosse weisse Bohnen, 400 g
1 Knoblauchzehe
je 1 EL gehackte Petersilie, Thymian und Rosmarin
1 Lorbeerblatt
1 Prise getrockneter Oregano
1 EL Olivenöl
2 Ramati-Tomaten, geschält, gewürfelt
Meersalz, Pfeffer
1 EL geriebener Parmesan
1 kleine rote Zwiebel, gehobelt
2 Basilikumblätter

Beilage:
Salat mit Cicorino rosso und verde

Bohnen in einem Sieb abtropfen lassen. Ganze Knoblauchzehe und Kräuter in einem Teelöffel Olivenöl andünsten. 1 dl Wasser dazugiessen und 2 Minuten köcheln. Tomaten beifügen und 5 Minuten mitgaren, würzen. Bohnen dazugeben und heiss werden lassen. Anschliessend in einem vorgewärmten Teller anrichten, restliches Olivenöl darüberträufeln und Parmesan darüberstreuen. Mit Zwiebel und Basilikum garnieren.
Tip:
Getrocknete Bohnen am Morgen in kaltes Wasser einlegen und separat weichkochen. Dauert ca. 45 Minuten.

Pizza mit Kapern

Teig:
250 g Mehl
1 TL Trockenhefe
1 EL Olivenöl
1,5–2 dl Wasser, lauwarm
1/2 TL Meersalz

Belag:
1 kleine Dose gehackte Tomaten, 230 g
Meersalz, Pfeffer, Oregano
6 Mozzarelline, halbiert
4 grosse Kapern, abgetropft
einige Basilikumblätter
1 TL Olivenöl
1 EL geriebener Parmesan

Für den Teig alle Zutaten mischen und kräftig kneten. Je nach Hunger halbieren oder dritteln. Eine Portion zugedeckt bei Zimmertemperatur gehen lassen. Den Rest in einen Plastikbeutel geben und tiefkühlen. Für den Belag Tomaten dick einkochen, würzen. Den Teig rund auswallen und auf ein mit Backpapier belegtes Blech geben. Mit der Tomatensauce bestreichen, dabei einen Rand frei lassen. Mozzarella und Kapern darauf verteilen, würzen. Mit Olivenöl beträufeln und Parmesan darüberstreuen. In der Mitte des auf 250 Grad vorgeheizten Backofens 15 Minuten backen.
Tips:
Anstelle der Kapern Artischockenherzen oder eingelegte Peperoni verwenden. Oder nur mit Mozzarella, einigen Stückchen Gorgonzola und gemischten gehackten Kräutern bestreuen. Den tiefgekühlten Teig vor der Verwendung über Nacht im Kühlschrank auftauen lassen.

*Panna cotta mit
Heidelbeeren
(Rezept auf Seite 62)*

Italienische Rezepte

Überbackenes Gemüse mit Polenta

je 1 kleiner roter und gelber Peperone
2 Ramati-Tomaten, Achtel
1 EL Olivenöl
1 kleine Knoblauchzehe, fein gehobelt
1 Sardellenfilet, fein geschnitten
Meersalz, Pfeffer
1 EL gehackte Petersilie
2 Basilikumblätter
Restliche Polenta vom Dienstag

Peperoni in einer trockenen Bratpfanne unter Wenden rösten. In Plastikbeutel geben, verschliessen und 5 Minuten ziehen lassen. Dann Peperoni enthäuten, halbieren (Saft auffangen), entkernen und in breite Streifen schneiden. Peperoni samt Saft, Tomaten, Knoblauch und Sardellen in eine ofenfeste Form verteilen, würzen. Mit Olivenöl beträufeln und in der Mitte des auf 225 Grad vorgeheizten Backofens 10 Minuten garen. Polenta in Scheiben schneiden, auf ein Blech legen und zu den Peperoni in den Ofen schieben. Den Grill einschalten und beides 5 Minuten überbacken.

Tip:
Anstelle der Peperoni Zucchini und/oder Auberginen verwenden. Sie werden in Scheiben geschnitten, mit Salz bestreut, damit sie Saft ziehen. Dann abtupfen und in wenig Öl beidseitig braten.

Tagliatelle mit Artischocken

75 g frische Tagliatelle
2 Lorbeerblätter
Salz
4 eingelegte Artischockenherzen
4 grüne Oliven, entsteint
1 Petersilienzweig
2 EL fertige Tomatensauce
2 EL geriebener Parmesan
Pfeffer aus der Mühle

Beilage:
Friséesalat

Tagliatelle mit Lorbeer in siedendem Salzwasser al dente garen. Artischocken und Oliven fein schneiden. Mit Petersilienblättchen, Tomatensauce und 2 Esslöffel Tagliatelle-Kochwasser mischen. Tagliatelle abgiessen, sofort mit der Sauce mischen. Mit Parmesan bestreuen und reichlich Pfeffer darübermahlen. Dazu den Friséesalat servieren.

Tip:
Anstelle der Artischockenherzen Auberginen oder Peperoni sott'olio verwenden.

75 g Spaghetti
Salz
1 Knoblauchzehe, gepresst
1 EL gehackte Petersilie
4 grüne Oliven, fein geschnitten
1 EL Kapern, abgetropft
2 TL Olivenöl
150 g Kürbis, gedämpft
3 EL fertige Tomatensauce

Spaghetti-Frittata mit Kürbis

Spaghetti in siedendem Salzwasser al dente garen. Abgiessen und gut abtropfen lassen. Knoblauch, Petersilie, Oliven und Kapern in einer beschichteten Bratpfanne im Olivenöl andünsten. Spaghetti beifügen, zu einem «Kuchen» formen und bei kleiner Hitze golden braten. Mit Hilfe eines grossen Pfannendeckels wenden und auf der anderen Seite ebenfalls braten. Den Kürbis mit der Tomatensauce zugedeckt warm werden lassen.

50 g kurze Maccheroni (Penne)
Salz
1/2 Dose rote Bohnen, 100 g
100 g eingelegte Auberginen (sott'olio)
50 g Gorgonzola, gewürfelt
etwas gehackte Petersilie
grüne Oliven, entsteint

Beilage:
wenig Frisée und roter Chicorée

Lauwarmer Teigwarensalat

Penne im siedenden Salzwasser al dente garen. Abgiessen und noch warm mit Bohnen, eingelegten Auberginen, Gorgonzola und Petersilie mischen. Etwas Öl von den Auberginen darüberträufeln, mit den Oliven garnieren. Teigwarensalat auf Frisée und rotem Chicorée anrichten.

Tip:
Anstelle der Penne Gschwellti in Scheiben verwenden.

Italienische Rezepte

Desserts

Die folgenden Desserts sind nach Kohlehydratmahlzeiten zu geniessen. Zu Eiweissgerichten passen Früchte der Saison (ausser Kaki, frische Feigen und Datteln, sehr süsse Trauben).

Avocado-Mousse

1/2 reife Avocado
2 EL Mascarpone
3 kleine Amaretti

Die Avocado fein würfeln und sofort unter den Mascarpone mischen. Amaretti darüberbröseln.
Tip:
Anstelle der Avocado 4–6 Datteln oder 2 reife Feigen fein schneiden.

Crema di caffè

50 g Mascarpone
0,5 dl starker Espresso-Kaffee, kalt
1 EL Marsala
3 kleine Amaretti

Mascarpone mit Espresso und Marsala verrühren, die Amaretti darüberbröseln.

Granità di caffè

2 dl gesüsster Espresso-Kaffee, kalt
1 Handvoll Eiswürfel

Kaffee mit Eiswürfeln im Mixer pürieren und sofort servieren.

Panna cotta mit Heidelbeeren
(Foto auf Seite 60)

1,25 dl Rahm
1 dl Milch
1 TL Zucker
1/2 Zimtstengel
wenig Zitronenschale
2 Blatt Gelatine, eingeweicht
50 g Heidelbeeren, tiefgekühlt

Rahm, Milch, Zucker, Zimt und Zitronenschale 5 Minuten köcheln. Absieben, in die Pfanne zurückgeben und aufkochen. Gelatine gut ausdrücken und in der heissen Flüssigkeit auflösen. Sofort in zwei Portionsförmchen von ca. 1,2 dl Inhalt giessen. Abkühlen, dann im Kühlschrank fest werden lassen. Vor dem Servieren ein Portionsförmchen kurz in heisses Wasser tauchen, stürzen. Mit pürierten Heidelbeeren servieren.
Tip:
Sie können die zweite Portion Panna cotta gut eine Woche im Kühlschrank aufbewahren.

Cassata

100 g Mascarpone
1 TL Puderzucker
wenig Vanillezucker
1 TL Marsala
wenig Zitronenschale
2 EL kandierte Früchte, fein gehackt
1 TL Pinienkerne

Mascarpone mit Puderzucker, Vanillezucker, Marsala und Zitronenschale verrühren. Kandierte Früchte und Pinienkerne beifügen, in ein Diplomatförmchen füllen und 2 Stunden kaltstellen.

Feigen in Rotwein

1,5 dl Rotwein
wenig Zimtstengel
1 TL Rohrzucker
2 Feigen, Viertel

Rotwein mit Zimt und Rohrzucker sirupartig einkochen. Feigen beifügen, kurz aufkochen und zugedeckt erkalten lassen.
Tip:
Anstelle von Rotwein Heidelbeersaft verwenden.

Italienische Rezepte

SIEBEN-TAGE-MENÜPLAN

Frühstück zur Auswahl
Früchtetee, Kräutertee oder Kaffee
Wahlweise frisch gepresster Fruchtsaft oder Avocado- oder Kaki-Müesli

Antipasti zur Auswahl
Cipolline brasate, Oliven mit Mozzarella, eingelegte Peperoni, eingelegte Zucchini und Auberginen

Desserts zur Auswahl
(zu Kohlehydratmahlzeiten)
Avocado-Mousse, Crema di caffé, Granità di caffé, Panna cotta

	MORGEN	MITTAG/ZU HAUSE	ABEND	MITTAG/AUSWÄRTS
MO	Tee und Früchte zum Frühstück	Bollito mit Salsa verde	Spaghetti mit Pesto rosso	Bollito misto oder Brasato di Manzo und Gemüse
DI	Tee und Früchte zum Frühstück	Polpette di Ricotta (Hacktätschli) mit Spinat	Grillierter Radicchio mit Polenta Dessert nach Wahl	Grillierter Hackburger mit Gemüse
MI	Tee und Früchte zum Frühstück	Pollo «Cacciatora»	Weisse Bohnen mit Kräutern	Bratgüggeli mit Gemüse
DO	Tee und Früchte zum Frühstück	Fegato alla salvia	Acqua cotta (Brotsuppe) Dessert nach Wahl	Fegato alla veneziana mit grilliertem Radicchio
FR	Tee und Früchte zum Frühstück	Gebackene Muscheln mit Kräutern	Risotto alla zucca	Vongole mit Gemüse oder grillierter Fisch
SA	Tee und Früchte zum Frühstück	Minestrone mit Pesto	Pizza mit Kapern	
SO	Tee und Früchte zum Frühstück	Saltimbocca mit Kürbispüree	Überbackenes Gemüse mit Polenta Dessert nach Wahl	
		EIWEISS	**KOHLEHYDRATE**	**EIWEISS**
GETRÄNKE-VORSCHLÄGE:		Gemüsesaft, Fruchtsaft, Wein, trockener Sherry, Champagner, Mineralwasser, Tee	Bier, Gemüsesaft, Mineralwasser, Tee	Gemüsesaft, Fruchtsaft, Wein, trockener Sherry, Champagner, Mineralwasser, Tee

*Original-Birchermüesli
(Rezept auf Seite 65)*

Schweizer Rezepte

RUSTIKALE RÖSTI OHNE GRABEN

*Gschwellti, Papet vaudois, Busecca – die Schweiz existiert,
der Röstigraben nicht. Das einzig Trennende sind Kohlehydrate und Eiweiss.
Der Menüplan für eine rustikale Schweizer Woche.*

Frühstück

Trinken Sie als erstes langsam eine Tasse heissen Früchte- oder Aromatee, bevor Sie einen frisch gepressten Fruchtsaft und Früchte (keine Bananen und Feigen) oder eines der vorgeschlagenen Frühstücke essen.

Käsebrot

1 Scheibe Nuss- oder Ruchbrot
1 EL Rahmquark oder 1/2 Gala-Käsli
1 EL geriebener Emmentaler oder Sbrinz
Pfeffer, Paprika oder Kümmel

Die Brotscheibe auf beiden Seiten toasten. Mit Rahmquark oder Gala-Käse bestreichen, mit Käse bestreuen und würzen.
Tip:
Anstelle von Käse Kresse, Green Power oder Alfa-Alfa (Sprossen) aufs Brot streuen.

1 EL Haferflocken
1 EL gezuckerte Kondensmilch
1 süsser Apfel, 150 g
1 EL Nüsse, grob gehackt oder gerieben, z.B. Mandeln oder Haselnüsse

Original-Birchermüesli
(Foto auf Seite 64)

Die Haferflocken in drei Esslöffel Wasser einweichen. Dann die Kondensmilch dazugeben. Den Apfel samt Schale auf der Bircherraffel dazureiben und sofort mischen. Die Nüsse darüberstreuen.
Tips:
Das Birchermüesli kurz vor dem Essen frisch zubereiten (das Einweichen kann am Vorabend geschehen). Im Original-Rezept gehört der Saft einer halben Zitrone dazu. In der Vital-Diät werden Kohlehydrate und Säure nicht gemischt.
Varianten:
– Haferflocken: Ersetzen durch 2 gehäufte Esslöffel Weizen-, Reis-, Hirse-, Kastanien- oder Sojaflocken. Flocken brauchen vorher nicht eingeweicht zu werden. Das Wasser aber trotzdem beifügen.
– Kondensmilch: Schmeckt auch gut mit Bienenhonig, ungezuckerter Kondensmilch (wer keinen Zucker mag), Rahm oder 2 Esslöffel Naturejoghurt.
– Apfel: 150 g tiefgekühlte ungezuckerte Heidelbeeren mit einer Gabel zerdrücken. Kaki, Feigen, Bananen, entsteinte Kirschen aus dem Beutel oder geriebene Rüebli.

Kaninchenragout mit Kürbis (Rezept auf Seite 67)

Schweizer Rezepte

Eiweiss

Siedfleisch auf Kabissalat

400 g Huftdeckel vom Rind

Sud:
1 Rüebli
1/4 Sellerie
1 kleine Schalotte
1 Lorbeerblatt
2,5 dl Fleischbouillon
2 EL Aceto balsamico

Kabissalat:
1 Stück Weisskabis oder Wirz
2 TL Apfelessig
1 TL Haselnussöl
1 TL Distel- oder Mohnöl
Salz, Pfeffer

Das Fleisch eine Stunde vor der Zubereitung aus dem Kühlschrank nehmen. Für den Sud alle Zutaten aufkochen. Das Fleisch darin 30–40 Minuten zugedeckt köcheln. Den Kabis oder Wirz in feine Streifen hobeln. Mit etwas heissem Sud übergiessen und 10 Minuten ziehen lassen. Essig und beide Ölsorten verrühren, würzen. Die Hälfte des Fleisches in Streifen schneiden (den Rest für Mittwoch in der Brühe zugedeckt im Kühlschrank aufbewahren), das Gemüse aus dem Sud in Stücke schneiden. Den Salat auf einen vorgewärmten Teller anrichten, Fleisch mit Gemüse darauf verteilen, mit der Sauce beträufeln.
Tips:
Gekochtes Siedfleisch kaufen und in der Fleischbouillon warm werden lassen. Oder ein kleines ganzes Coquelet in Hühnerbouillon mit Weisswein, Gemüse und Safran gar ziehen lassen. Das Gemüse für den Sud gibt's auch schon fertig gebunden oder zerkleinert zu kaufen. Anstelle von Kabis Rosenkohl fein hobeln und genau gleich zubereiten.

150 g Kalbsplätzli, geschnetzelt
1 TL Bratbutter
Salz, Pfeffer
1 kleine Schalotte, gehackt
200 g Champignons, blättrig geschnitten
3 EL Weisswein oder Fleischbouillon
200 g Topinambur, Scheiben
2 EL gehackte Petersilie
1 TL Butter
2 EL Rahm

Zürcher Gschnätzlets mit Topinambur

Das Fleisch in der Bratbutter rasch anbraten, würzen. Herausnehmen und zugedeckt beiseite stellen. Schalotte und Champignons im verbliebenen Bratsatz andünsten. Mit Wein oder Bouillon ablöschen, etwas einkochen. Topinambur mit Petersilie kurz in der Butter dünsten, würzen. Champignonsauce mit Rahm verfeinern. Fleisch dazugeben und kurz erwärmen. Mit Topinambur servieren.
Tips:
Je 100 g Kalbsplätzli und -nierli verwenden. So wird's im Original zubereitet. Wenn Sie die Sauce etwas sämiger haben möchten, pürieren Sie einfach einen Teil der Champignons. Anstelle von Topinambur Pastinaken oder Sellerie verwenden.

1–2 Kaninchenschenkel, 300 g
Salz, Pfeffer, Salbei
1 TL Olivenöl
1 Schalotte
1 Stengel Stangensellerie, Stücke
3 EL Weisswein
1 dl Fleischbouillon

Kürbis:
250 g Kürbis, Scheiben
1 TL Butter

Kaninchenragout mit Kürbis
(Foto auf Seite 66)

Das Kaninchenfleisch würzen und in Olivenöl rundum anbraten. Schalotte und Stangensellerie beifügen, kurz mitbraten. Mit Wein und Bouillon ablöschen und zugedeckt 20 Minuten schmoren. Den Kürbis mit Salz, Pfeffer und wenig Salbei würzen. Auf beiden Seiten je 5 Minuten in der Butter braten. Zum Kaninchenragout servieren.
Tips:
Nach Belieben 2–3 grüne Oliven oder 1 EL Kapern mitschmoren. Anstelle von Salbei Rosmarin oder Thymian verwenden.

*Leberplätzli mit
gebratenen Rüebli
(Rezept auf Seite 69)*

Schweizer Rezepte

Zunge mit Kapern

150 g gekochte Zunge
1 kleines Rüebli, gewürfelt
1 Stengel Stangensellerie, gewürfelt
150 g Pastinaken, gewürfelt
2 dl Fleischbouillon
3 EL Rahm oder Milch
1 EL Kapern
einige Tropfen Zitronensaft
1 EL Schnittlauch

Die Zunge in dicke Scheiben oder Streifen schneiden. Das Gemüse in wenig Bouillon zugedeckt knapp weich garen. Herausnehmen, noch etwas Bouillon und zwei Esslöffel Rahm oder Milch beifügen und pürieren oder einfach nur mit der Gabel zerdrücken. Zudecken und warmstellen. Zunge mit Kapern in der restlichen Bouillon warm werden lassen. Mit Zitronensaft und Schnittlauch abschmecken.

Tips:
Wenn Sie die Sauce binden möchten, pürieren Sie sie einfach mit etwas Gemüse. Am besten geht dies mit dem Stabmixer. Anstelle von Pastinaken Topinambur, Sellerie(-knolle), Kürbis oder Rosenkohl verwenden.

Schlachtplatte mit Sauerkraut

2 Knoblauchzehen, gescheibelt
1 Stück Peperoncino
1 TL Bratbutter
250 g Sauerkraut
1 kleine Dose gehackte Tomaten, 230 g
Siedfleisch vom Montag
1 EL saurer Halbrahm

Den Knoblauch mit Peperoncino in der Bratbutter andünsten. Das Sauerkraut beifügen und kurz mitdünsten. Tomaten samt Saft und die Bouillon vom Fleisch dazugiessen. 15 Minuten auf kleiner Hitze garen. Das Fleisch in Streifen schneiden und auf dem Sauerkraut wärmen. Mit saurem Halbrahm servieren.

Tips:
Rohes Sauerkraut braucht mindestens die doppelte Kochzeit als schon gekochtes. Für den Salat allerdings ist das rohe besser. Gekochtes gibt's abgepackt in 500-g-Beuteln; rohes ist auch offen erhältlich.

Wirsing-Pfanne

150 g mageres Rindfleisch, gehackt
1 Eiweiss
1 kleine Zwiebel, fein gehackt
2 EL gehackte Petersilie
Salz, Pfeffer, Muskatnuss
wenig Worcestershiresauce
1/2 TL Sonnenblumenöl
1/2 Wirsing, 250 g, Streifen
1 Tomate, Würfel
1 TL Rahm

Rindfleisch mit Eiweiss, Zwiebel und Petersilie gründlich vermischen, würzen. In einer beschichteten Pfanne in Öl unter Wenden 5 Minuten braten. Wirsing und Tomate dazugeben, zugedeckt auf kleiner Hitze köcheln lassen, mit Rahm und Gewürzen abschmecken.

Tips:
Rindfleisch durch fein gehacktes Poulet- oder Truthahnfleisch ersetzen. Anstelle von Wirsing Weisskabis oder Blattspinat verwenden.

Leberplätzli mit gebratenen Rüebli
(Foto auf Seite 68)

1 Kalbsleberplätzli, 150 g
1 Msp. Bratbutter
Salz, grober Pfeffer
2–3 Rüebli, Rädchen
1 TL Olivenöl
1 Rosmarinzweig
3 EL Gemüsebouillon
1 EL gehackte Petersilie
1 TL Pinienkerne, geröstet

Leberplätzli mit Küchenpapier trockentupfen. In einer beschichteten Pfanne in der Bratbutter auf beiden Seiten je 2 Minuten braten, würzen. Herausnehmen und zugedeckt warmstellen. Rüebli in der gleichen Pfanne in Olivenöl unter Wenden braten. Rosmarin und Bouillon beifügen, zugedeckt 10 Minuten braten. Petersilie und Pinienkerne darüberstreuen und nach Bedarf mit Salz und Pfeffer würzen. Vor dem Servieren Leberplätzli in Streifen schneiden und auf den Rüebli anrichten.

Tip:
Rosmarin durch Salbei oder Basilikum ersetzen.

*Sonntagsbraten
mit Rüeblipüree
(Rezept auf Seite 71)*

Schweizer Rezepte

Blumenkohl mit Schinken

250 g Blumenkohl, Röschen
Salz
1 Scheibe Beinschinken, 50 g
1 Msp. Bratbutter
1/2 Lauchstengel, Ringe
1 Lorbeerblatt
1 dl Halbrahm
Salz, Pfeffer, Muskatnuss
1 EL gehackte Petersilie

Blumenkohl in siedendem Salzwasser knapp al dente garen. Abgiessen, kalt abschrecken und gut abtropfen lassen. Beinschinken fein würfeln und in einer beschichteten Pfanne in der Bratbutter kurz braten. Lauch dazugeben und mitbraten. Lorbeer und Halbrahm beifügen, Sauce 7 bis 8 Minuten köcheln, würzen. Blumenkohl in die Sauce geben und warm werden lassen. Mit Petersilie bestreuen und sofort servieren.

Tips:
Anstelle von Blumenkohl Broccoli oder Romanesco verwenden. Schmeckt auch gut: Pâtisson oder Kürbis in grosse Würfel schneiden. Im Dämpfkörbchen knapp weich garen. In der fertigen Sauce kurz erwärmen.

Sonntagsbraten mit Rüeblipüree
(Foto auf Seite 70)

1 Schalotte, halbiert
2 grosse Champignons, geviertelt
1 Msp. Bratbutter
1 kleine Tomate, Schnitze
1 dl Fleischbouillon
1 Scheibe fertiger Kalbsrollbraten, 150 g
1 kleiner Rosmarinzweig
1 grosses Rüebli, Würfel
1 EL saurer Halbrahm
wenig gehackte Petersilie
Salz, Pfeffer

Schalotte und Champignons in der Bratbutter andünsten. Tomate und Bouillon beifügen, zugedeckt 15 Minuten köcheln. Braten mit Rosmarin spicken, in die Sauce geben und warm werden lassen. Rüebli im Dampf zugedeckt weich garen. Mit etwas Saucenflüssigkeit im Mixer pürieren, mit saurem Halbrahm, Petersilie, Salz und Pfeffer abschmecken. Zum Braten servieren.

Fischfilet mit Mandelbutter

200 g Felchen- oder Eglifilets
Salz, Pfeffer
einige Tropfen Zitronensaft
2 EL Butter
1 EL Mandelblättchen
1 EL Kapern

Beilage:
Gedämpfter Spinat, Grundrezept siehe Seite 29

Die Fischfilets würzen und mit Zitrone beträufeln. In einer beschichteten Pfanne einen Esslöffel Butter erwärmen. Die Fischfilets darin unter Wenden rasch braten. Zudecken und warmstellen. Restliche Butter in der gleichen Pfanne schmelzen, Mandelblättchen beifügen und kurz rösten. Kapern beifügen und warm werden lassen. Über die Fische verteilen. Dazu den Spinat servieren.

Busecca (Kuttelsuppe)

1 Schalotte, gehackt
1 Rüebli, Würfel
1 kleiner Lauch, Ringe
1 Stück Sellerie, Würfel
1 TL Olivenöl
200 g gekochte Kutteln, Streifen
1 dl Fleischbouillon
1 kleine Dose gehackte Tomaten, 230 g
Salz, Pfeffer
1 EL gehackte Petersilie
1 EL geriebener Sbrinz

Die Gemüse in Olivenöl andünsten. Die Kutteln beifügen und kurz mitdünsten. Bouillon und Tomaten samt Saft dazugeben. Zugedeckt 15 Minuten bei kleiner Hitze köcheln. Mit Salz, Pfeffer und Petersilie abschmecken. Den Sbrinz dazu servieren.

Tip:
Vegetarische Variante ohne Kutteln, mit Gemüsebouillon zubereiten, mit Tofuwürfeln als Einlage.

*Rösti in Variationen
(Rezept auf Seite 73)*

Schweizer Rezepte

Kohlehydrate

Gschwellti mit Käse und Dip

500 g Kartoffeln, z.B. Charlotte, Urgenta, Granola
50 g Käse, z.B. Doppelrahm-Vacherin, Rahm-Brie
Dip:
75 g Rahmquark
1 TL Meerrettich, gerieben
Salz, Pfeffer

Die Kartoffeln im Dämpfkörbchen zugedeckt weich garen. Den Käse aus dem Kühlschrank nehmen, damit er nicht zu kalt ist. Für den Dip alle Zutaten verrühren. Die Hälfte der Kartoffeln schälen, in einen Plastikbeutel geben und für Dienstag für die Rösti beiseite stellen. Die andern Kartoffeln möglichst heiss mit Käse und Dip servieren.
Tip:
Anstelle von Meerrettich 1–2 Esslöffel Pesto oder 1 EL Senf und gehackte Kräuter verwenden.

Polenta-Knöpfli

100 g Polentawurst
200 g Gemüse, z.B. Rüebli, Kohlrabi, Stangen-, Knollensellerie, Broccoli, Weisskabis
2 EL geriebener Sbrinz
Pfeffer, Rosmarin
1 TL Butter
1 EL gehackte Petersilie

Die Polentawurst durch die Röstiraffel drücken. Das Gemüse ebenfalls grob raffeln oder fein schneiden. Mit Käse und Gewürzen abschmecken. In einer beschichteten Pfanne die Butter warm werden lassen. Das Polenta-Gemüse-Gemisch darin unter Wenden rasch braten. Mit Petersilie bestreut servieren.
Tips:
Zusätzlich mit vollfettem Käse belegen und unter dem Grill überbacken. Anstelle von Polenta Knöpfli aus dem Beutel verwenden. Verwenden Sie für die Polenta-Knöpfli Ihre Gemüsereste von der Woche.

1 TL Butter
1 Schalotte, fein gehackt
1 Rüebli, grob geraffelt
1 Stengel Stangensellerie, fein geschnitten
1 kleiner Kohlrabi, grob geraffelt
50 g Hirse
1–1,5 dl Gemüsebouillon
Salz, Majoran, Rosmarin
1 EL gemahlene Haselnüsse
1 EL geriebener Sbrinz

150 g Sauerkraut
Salatsauce wie Kabissalat S. 67

Gschwellti von Montag
1 Rüebli, geraffelt
1 kleiner Lauch, feine Streifen
Salz
2 TL Bratbutter
1 Scheibe Emmentaler, 20 g

Hirsotto mit Gemüse

Die Gemüse in der Butter andünsten. Hirse dazustreuen und mitdünsten. Mit Bouillon ablöschen und zugedeckt 15 Minuten köcheln. Würzen, gemahlene Nüsse und Käse darüberstreuen.
Tip:
Nach Belieben 1 Eigelb mit etwas Gemüsebouillon verrühren und unter den Hirsotto mischen.

Rösti in Variationen/Sauerkraut-Salat
(Foto auf Seite 72)

Das Sauerkraut mit der Sauce als separaten Salat anmachen. Die Kartoffeln durch die Röstiraffel drücken und mit dem Gemüse mischen, salzen. Einen Teelöffel Bratbutter in einer beschichteten Pfanne heiss werden lassen. Kartoffel-Gemisch darin unter Wenden leicht anbraten. Dann zu einem Kuchen formen, zudecken und bei kleiner Hitze 10 Minuten braten. Mit Hilfe eines Deckels wenden. Restliche Bratbutter schmelzen und Rösti wieder hineingleiten lassen. Den Käse auf die Rösti legen und schmelzen. Den Salat dazu servieren.
Tips:
Gebratene Zwiebelringe oder gekochtes Sauerkraut unter die durchgedrückten Kartoffeln mischen. Fertige Rösti mit grob geriebenem Käse überstreuen und kurz unter dem Grill überbacken.

Papet vaudois
(Rezept auf Seite 75)

Schweizer Rezepte

Winterspargel in der Hülle

250 g Schwarzwurzeln, aus der Dose oder tiefgekühlt
Fritieröl

Teig:
50 g Mehl
2 EL geriebener Sbrinz
1 Msp. Trockenhefe
wenig Salz
0,5 dl Bier

Dip:
75 g Rahmquark
1 TL Senf
1 EL gehackte Petersilie
Salz, Pfeffer

Beilage:
Salat

Die Schwarzwurzeln aus der Dose in einem Sieb abtropfen, die gefrorenen antauen lassen. Für den Teig alle Zutaten verrühren. 20 Minuten zugedeckt stehen lassen. Für den Dip alle Zutaten mischen. Die Schwarzwurzeln portionsweise durch den Teig ziehen und im heissen Öl unter Wenden goldgelb ausbacken. Auf Küchenpapier abtropfen lassen. Dip und Salat dazu servieren.

Tips:
Anstelle von Schwarzwurzeln kurz blanchierte Broccoliröschen, Fenchel- oder Selleriescheiben verwenden. Austernpilze oder Champignons können Sie, ohne zu blanchieren, durch den Teig ziehen. Für den Ausbackteig müssen Sie unbedingt Bier, nicht Weisswein verwenden. Sonst ersetzen Sie die Flüssigkeit mit Milchwasser.

Kartoffel-Gemüse-Crème

1 Frühlingszwiebel, fein geschnitten
1 Msp. Butter
150 g Kartoffeln, Würfel
2,5 dl Gemüsebouillon, heiss
Salz, Pfeffer, Muskat
150 g gemischtes Gemüse, z.B. Erbsli, Spargel, Kefen, Rüebli, Sojasprossen, gedämpft
2 EL geriebener Sbrinz
Majoran

Frühlingszwiebel in der Butter glasig dünsten. Kartoffeln beifügen, kurz mitdünsten. Mit Bouillon aufgiessen und zugedeckt weich garen. Dann im Mixer pürieren. Die Suppe aufkochen, würzen. Gedämpftes Gemüse hineingeben und warm werden lassen. Mit Käse und Majoran bestreut servieren.

Papet vaudois
(Foto auf Seite 74)

250 g Bleichlauch
2 dl Gemüsebouillon
1 TL Butter
2 Kartoffeln, Würfel
1 TL Mehl
wenig Thymian
3 EL Rahm

Den Lauch in 2 cm breite Stücke schneiden. In der Bouillon 2–3 Minuten köcheln. Dann herausnehmen, 1 dl Bouillon beiseite stellen. Den gut abgetropften Lauch in der Butter andünsten. Kartoffeln beifügen, Mehl darüberstäuben und kurz mitdünsten. Mit der Bouillon ablöschen. Zugedeckt 15 Minuten bei kleiner Hitze köcheln. Mit Thymian würzen, mit Rahm verfeinern.

Tip:
Wenn es Sie nach einem richtigen Papet gelüstet, ist als Ausnahme erlaubt: anstatt Rahm 2 Rädchen Neuenburger oder Waadtländer Saucisson mitkochen.

Raclette-Pfännli

2 mittelgrosse Kartoffeln
2 Msp. Butter
1 mittelgrosse Tomate
wenig Meersalz, Pfeffer, Oregano
2 Scheiben Raclettekäse, 50 g

Kartoffeln in der Schale weich kochen, schälen und der Länge nach halbieren. In einer kleinen Bratpfanne oder einem Ofen-Pfännli in der Butter auf beiden Seiten leicht braten. Tomate waagrecht halbieren und neben die Kartoffeln setzen, würzen. Die Käsescheiben darauf legen und zugedeckt weiterbraten, bis der Käse geschmolzen ist.

Tip:
Anstelle von Raclettekäse Mozzarella verwenden.

Schweizer Rezepte

Fotzelschnitten mit Kompott

1 Eigelb
1 dl Milch
1 Msp. Vanillezucker oder Zimt
2 Scheiben Ruchbrot
2 TL Butter
1 TL flüssiger Honig
150 g Apfel- oder Birnenkompott, ungezuckert

Vorspeise:
Salat

Eigelb mit Milch und Vanillezucker oder Zimt verrühren. Die Brotscheiben darin wenden. In einer beschichteten Pfanne in der Butter unter Wenden goldgelb braten. Honig darüberträufeln und Kompott dazu servieren.

Tips:
Wenn Sie kein süsses Nachtessen mögen: Eigelb und Milch mit Salz, Pfeffer und Paprika verrühren. Das Brot ziegelartig mit 2 Scheiben vollfettem Käse und einer Tomate (in Scheiben) in eine ofenfeste gebutterte Form geben. Die Eiermilch darübergiessen, im heissen Ofen bei 200 Grad 15 Minuten überbacken. Anstelle von Brot Polentascheiben verwenden. Auch für die süsse Variante gut geeignet.

Griessköpfli mit Heidelbeersauce

2,5 dl Milch
1 Prise Salz
1/2 Vanillestengel, aufgeschlitzt
wenig Zitronenschale
50 g Griess
1 Msp. Butter
1/2 EL gemahlene Mandeln
1 EL Sultaninen, fein gehackt
100 g Heidelbeeren, tiefgekühlt

Milch, Salz, Vanillestengel und Zitronenschale aufkochen. Griess einrühren, bei kleiner Hitze dick einkochen, dabei ständig rühren. Vanillestengel entfernen. Butter, Mandeln und Sultaninen beifügen. Sofort in ein kalt ausgespültes Portionsförmchen füllen, erkalten lassen. Zum Servieren stürzen und mit den pürierten Heidelbeeren servieren.

Tips:
Anstelle der Butter ein Eigelb einrühren und etwa 1 Minute mitkochen. Sultaninen durch andere Dörrfrüchte ersetzen. Wenn nötig mit 1 Teelöffel Honig oder Vollrohrzucker süssen. Vollkorngriess verwenden. Hirse- oder Reisköpfli werden auf die gleiche Art zubereitet.

Beeren-Quark-Auflauf

1 kleines Eigelb
2 TL Akazienhonig
100 g Rahmquark
2 EL Milch
wenig Vanillinzucker und Zitronenschale
25 g Vollweizengriess
2 Msp. Backpulver
1 Msp. Butter
100 g Heidelbeeren, frisch oder tiefgekühlt
1 EL Mandelblättchen

Eigelb und Honig schaumig rühren. Quark, Milch, Vanillinzucker und Zitronenschale beifügen. Griess mit Backpulver mischen und unter die Quarkmasse rühren. Lagenweise mit den Heidelbeeren in eine gebutterte ofenfeste Portionsform geben. Mit Mandelblättchen bestreuen und in der Mitte des auf 175 Grad vorgeheizten Backofens 20 Minuten backen.

Vogelheu

1 Scheibe altbackenes Brot, 50 g
10 g Butter
150 g Heidelbeeren
2 TL Rohzucker

Das Brot in Scheibchen («Dünkli») schneiden. In der Butter goldgelb rösten. Beeren beifügen, mit Zucker bestreuen, zudecken und auf der ausgeschalteten Herdplatte 2 Minuten ziehen lassen.

Tip:
1 Eigelb mit 1 dl Milch verquirlen, mit den Heidelbeeren zum Brot geben und bei kleinster Hitze stocken lassen.

Schweizer Rezepte

SIEBEN-TAGE-MENÜPLAN

	MORGEN	MITTAG/ZU HAUSE	ABEND	MITTAG/AUSWÄRTS
MO	Frühstück süss oder pikant	Siedfleisch auf Kabissalat	Gschwellti mit Käse und Dip	Bouillon Pot au feu ohne Kartoffeln
DI	Frühstück süss oder pikant	Zürcher Gschnätzlets mit Topinambur	Sauerkrautsalat Rösti in Variationen	Kalbspaillard vom Grill Gemüse
MI	Frühstück süss oder pikant	Zunge mit Kapern	Winterspargel in der Hülle Quark-Dip	Zunge oder Kalbskopf mit Vinaigrette Gemüse
DO	Frühstück süss oder pikant	Schlachtplatte mit Sauerkraut	Papet vaudois	Sauerkraut mit Rippli oder Siedfleisch
FR	Frühstück süss oder pikant	Fischfilet mit Mandelbutter Spinat Dessert nach Wahl	Kartoffel-Gemüse-Crème	Fischfilet Meunière Gemüse
SA	Frühstück süss oder pikant	Busecca (Kuttelsuppe)	Fotzelschnitten mit Kompott oder Griessköpfli mit Heidelbeersauce	
SO	Frühstück süss oder pikant	Kaninchenragout mit Kürbis Dessert nach Wahl	Polenta-Knöpfli	
		EIWEISS	**KOHLEHYDRATE**	**EIWEISS**
GETRÄNKE-VORSCHLÄGE:		Gemüsesaft, Fruchtsaft, Wein, trockener Sherry, Champagner, Mineralwasser, Tee	Bier, Gemüsesaft, Mineralwasser, Tee	Gemüsesaft, Fruchtsaft, Wein, trockener Sherry, Champagner, Mineralwasser, Tee

Tomme auf Weinkabis
(Rezept auf Seite 79)

Vegetarische Rezepte

OHNE FLEISCH GEHT ES AUCH

Täglich eine attraktive Eiweissmahlzeit – das geht auch ohne Fleisch. Aber auch die zusätzlichen Vorschläge für Kohlehydratmahlzeiten sind nicht ohne. Ein vegetarischer Sieben-Tage-Plan.

Eiweiss

Gemüsesuppe mit Omelettenstreifen

1 EL Sesamsamen
1 Msp. Butter
Omelette:
1 Ei
1 EL Milch
1/2 EL Hefeflocken
wenig Meersalz,
Muskatnuss
Suppe:
2,5 dl Gemüsebouillon
1 Frühlingszwiebel,
fein gehackt
1 Rüebli, Rädchen
250 g Broccoli,
Röschen
1 EL gehackte
Petersilie

Für die Omelette alle Zutaten verrühren. Sesamsamen in einer beschichteten Pfanne in der Butter kurz rösten. Eiermasse hineingiessen und bei kleiner Hitze stocken lassen, dann aufrollen und in schmale Streifen schneiden. Für die Suppe Bouillon aufkochen; Gemüse beifügen und 10 Minuten köcheln. Omelettenstreifen dazugeben und kurz ziehen lassen. Mit Petersilie bestreut servieren.

Grillierter Camembert

1 Camembert,
halbfett, ca. 150 g
2 EL Weisswein
2 TL Sesamöl
1 kleine Dose rote
Peperoni, ca. 230 g
Dip:
1 TL Sesam-Mus
(Tahin)
2 EL helle Sojasauce
wenig Peperoncino,
Ringe
Beilage:
Gedämpfter Lauch,
Grundrezept Seite 29

Den Camembert auf beiden Seiten mit einer Gabel mehrmals einstechen. In eine ofenfeste Form geben. Weisswein und einen Teelöffel Sesamöl darüberträufeln und einziehen lassen. Kurz vor dem Servieren mit den Peperoni belegen, unter den heissen Grill schieben und überbacken. Für den Dip restliches Sesamöl, -Mus, Sojasauce und Peperoncino verrühren. Mit dem Lauch zum Camembert servieren.
Tip:
Anstelle des Camembert Tofu verwenden.

1 Tomme, 100 g
3 EL Apfelwein
1 TL Baumnussöl
4 Baumnusskerne,
gehackt
Gemüse:
150 g Weiss- oder
Spitzkabis
1 kleiner Apfel
1 Msp. Butter
1 dl Apfelwein
Salz, Pfeffer,
Muskatnuss
2 EL gehackte
Petersilie

Tomme auf Weinkabis
(Foto auf Seite 78)

Tomme mit einer Gabel auf beiden Seiten mehrmals einstechen. Mit Apfelwein und Baumnussöl beträufeln. Zugedeckt ziehen lassen. Kabis und Apfel fein hobeln. In der Butter andünsten, mit Apfelwein ablöschen, würzen. Zugedeckt 15 Minuten köcheln. Tomme in den Nüssen wenden. In einer beschichteten Pfanne auf beiden Seiten bei schwacher Hitze je 5 Minuten golden braten. Petersilie über das Gemüse streuen, Tomme darauf anrichten.
Tips:
Schmeckt auch gut mit Camembert oder Ziegenkäse. Nach Belieben in Mandeln, Haselnüssen oder Sesamsamen wenden.

Gebratener Tofu mit Gemüse

150 g Tofu, Würfel
1 TL Maiskeimöl
150 g Chinakohl,
Streifen
1 Frühlingszwiebel,
Ringe
1 Handvoll
Sojasprossen
2 EL Sherry oder
Weisswein
2 EL Gemüsebouillon
1–2 EL Sojasauce
Salz, Pfeffer,
Cayennepfeffer

Tofu in einer beschichteten Pfanne im Öl rundherum braten. Gemüse beifügen und unter Wenden mitbraten. Sherry oder Weisswein und Bouillon dazugiessen, kräftig abschmecken.
Tip:
Anstelle von Chinakohl Wirz oder Federkohl verwenden.

*Minestrone mit
verlorenen Eiern
(Rezept auf Seite 81)*

Vegetarische Rezepte

Minestrone mit verlorenen Eiern
(Foto auf Seite 80)

250 g Gemüse der Saison, z.B. Wirz, Rüebli, Lauch, Bleichsellerie, Bohnen
1 Zwiebel, fein gehackt
3 Knoblauchzehen, fein gehackt
1 TL Bratbutter
1 kleine Dose gehackte Tomaten, 230 g
2 dl Gemüsebouillon
0,5 dl Rüeblisaft
Salz, Pfeffer, Rosmarin
Verlorene Eier:
Wasser
Weissweinessig
2 sehr frische Eier
1/2 EL geriebener Sbrinz
1 EL Schnittlauchröllchen

Das Gemüse kleinschneiden. Zwiebel und Knoblauch in der Bratbutter glasig dünsten. Gemüse dazugeben, kurz mitdünsten. Tomaten beifügen, mit Bouillon aufgiessen und 20 Minuten köcheln. Mit Rüeblisaft und den Gewürzen abschmecken. Die Eier erst kurz vor dem Servieren zubereiten. Wasser und etwas Essig in Pfanne aufkochen. Ein Ei nach dem andern in eine Tasse aufschlagen und sorgfältig in das leicht kochende Wasser gleiten lassen. 4 bis 5 Minuten ziehen lassen. Minestrone anrichten, gut abgetropfte Eier hineinsetzen. Mit Reibkäse und Schnittlauchröllchen bestreuen.

Kugel-Spiessli

8 Champignons
100 g Mozzarelline, abgetropft
8 Cherry-Tomaten
2 TL Pesto (Fertigprodukt)
Beilage:
Gedämpfter Spinat, Grundrezept Seite 29

Die Stiele der Champignons ausbrechen. Abwechselnd mit Mozzarelline und Tomaten an Bambusspiesschen stecken. Rundum mit Pesto bepinseln. In einer beschichteten Pfanne Spiessli zugedeckt bei kleinster Hitze braten. Zum Spinat servieren.
Tips:
Ganze Radieschen anstelle der Tomaten verwenden. Schmeckt auch gut mit Tofu.

Überbackener Spinat

150 g Spinat
Salz, Pfeffer, Basilikum
1 Scheibe Tofu, 50 g
1 TL Maiskeimöl
1 kleine Tomate, Scheiben
50 g Mozzarella, Scheiben

Tropfnassen Spinat zugedeckt zusammenfallen lassen, würzen. Tofu in einer beschichteten Pfanne in Öl auf beiden Seiten braten. Erst Tomatenscheiben, dann gut ausgedrückten Spinat und Mozzarella auf den Tofu schichten, würzen. Pfanne zudecken und weiterbraten, bis der Käse schmilzt.
Tip:
Mozzarella durch Raclettekäse ersetzen.

Eierkuchen mit Gemüse

1 Kohlrabi, 250 g, Viertel
2 TL Olivenöl
2 Frühlingszwiebeln, fein gehackt
1 EL gehackte Petersilie
2 Eier, verquirlt
1 EL Mineralwasser
Salz, Pfeffer, Cayennepfeffer
Beilage:
Grüner Salat, Grundrezepte siehe Seiten 25–27

Für den Eierkuchen Kohlrabi im Dampf zugedeckt knapp weich garen. Anschliessend in 2 mm dicke Scheibchen schneiden. Zwiebeln in wenig Öl glasig dünsten. Mit einigen Tropfen Öl, Petersilie, Eiern und Mineralwasser mischen, würzen. Eine beschichtete Bratpfanne mit restlichem Öl auspinseln. Kohlrabi und Eiermasse hineingeben. Bei kleiner Hitze stocken lassen. Zum Servieren wie einen Kuchen aufschneiden. Dazu den grünen Salat essen.
Tips:
Anstelle von Kohlrabi Blumenkohl oder eine Gemüsemischung (auch Reste oder tiefgekühlt) verwenden, z.B. Rüebli, Bohnen, Kefen, Spargel, Zucchini, Lauch. Der Eierkuchen kann auch kalt gegessen werden.

*Gebratene Pâtissons
mit Feta
(Rezept auf Seite 83)*

Vegetarische Rezepte

Gemüse Chinesische Art

1–2 Rüebli
1 Frühlingszwiebel
100 g Shiitake-Pilze
100 g Tofu
1 TL Maiskeimöl
150 g Kefen
50 g Spinat, frisch
1 Handvoll Sojasprossen
3 EL Sherry
2 TL Sojasauce
1 Messerspitze Sambal Oelek
Salz, Pfeffer, Koriander
Petersilie oder Basilikum

Rüebli und Frühlingszwiebel schräg in Scheiben, Pilze in Streifen und Tofu in Scheibchen schneiden. 1/2 Teelöffel Öl erhitzen und Tofu darin rasch anbraten. Herausnehmen und beiseite stellen. Rüebli, Frühlingszwiebel, Pilze und Kefen im restlichen Öl in der gleichen Pfanne 2 Minuten rührbraten. Hitze reduzieren, Spinat und Sojasprossen hinzufügen und 1 Minute rührbraten. Sherry und Sojasauce dazugiessen, Tofu beifügen und würzen. Zum Schluss Petersilie oder Basilikum darüberstreuen.

Tip:
Tofu durch eine Sesamomelette ersetzen (siehe Gemüsesuppe Seite 79).

Spargeln mit Ei

400–500 g grüne oder weisse Spargeln
Salz
1 frisches Ei
1 TL Butter
1 EL geriebener Parmesan

Grünen Spargel nur in der unteren Hälfte, weissen Spargel, mit Ausnahme der Spitzen, ganz schälen. Im leicht gesalzenen Wasser oder im Dämpfkörbchen knapp weich garen. Ei je nach Grösse 4 bis 5 Minuten kochen. Gut abgetropften Spargel auf einen vorgewärmten Teller anrichten. Zerlassene Butter über die Spitzen träufeln. Käse darüberstreuen. Dazu das wachsweiche Ei servieren: Die Spargelspitze in das flüssige Eigelb tauchen.

Tip:
Anstelle von Spargeln Broccoli mit langen Strünken – die vor dem Kochen wie Spargeln geschält werden – verwenden.

Kohlehydrate

Linsen-Spinatsuppe

30 g grüne Puy-Linsen
2,5 dl Wasser
100 g junger Spinat
Salz, Pfeffer
1 Zwiebel, fein gehackt
1 Knoblauchzehe, gepresst
1 TL Olivenöl
100 g Sauerrahm

Linsen in kaltem Wasser quellen lassen. Dann aufkochen und halbbedeckt ca. 20 Minuten köcheln. Gut abgetropften Spinat beifügen, würzen. Weitere 10 Minuten köcheln. Zwiebel und Knoblauch in Olivenöl glasig dünsten. Die Hälfte der Suppe im Mixer pürieren, in die Pfanne zurückgiessen. Zwiebel-Gemisch und Sauerrahm darunterrühren. Nur noch heiss werden lassen.

Gebratene Pâtissons mit Feta
(Foto auf Seite 82)

1–2 kleine Pâtissons
Salz
1 Eigelb
2 EL Rahm
1 EL Vollkornmehl
2 EL Paniermehl (aus Vollkornbrot)
2 EL geriebener Sbrinz
1 TL Bratbutter
50 g Feta
Pfeffer, Minze

Pâtissons in zentimeterdicke Scheiben schneiden. Auf beiden Seiten mit Salz bestreuen und auf Haushaltpapier Wasser ziehen lassen. Eigelb und Rahm verrühren. Vollkorn-, Paniermehl und Sbrinz mischen. Pâtissons trockentupfen; zuerst im Ei, dann im Mehl-Gemisch wenden. Die Panade gut andrücken und Pâtissons sofort in einer beschichteten Pfanne in der Bratbutter auf beiden Seiten goldbraun braten. Feta klein würfeln, mit Pfeffer und Minze würzen. Zu den Pâtissons servieren.

Tip:
Zucchini oder Auberginen können auf die gleiche Weise zubereitet werden.

*Kartoffelchüechli
mit Sonnenblumenkernen
(Rezept auf Seite 85)*

Vegetarische Rezepte

Exotische Kartoffelsuppe

150 g mehligkochende Kartoffeln
2 Frühlingszwiebeln, gehackt
1 Msp. Butter
2,5 dl Gemüsebouillon
100 g Sojasprossen
Salz, Pfeffer, Muskatnuss
2 EL Sauerrahm
1 Kopfsalatblatt
2 TL Sesamsamen, geröstet

Kartoffeln in Scheiben hobeln. Frühlingszwiebeln in der Butter glasig dünsten. Kartoffeln beifügen, kurz mitdünsten. Bouillon dazugiessen, aufkochen, halbbedeckt 15 Minuten köcheln. Sojasprossen verlesen, in die Suppe geben, würzen. Sauerrahm unter die Suppe rühren, sämig einkochen. Dann in Suppenteller oder -tassen verteilen, mit feingeschnittenem Kopfsalat und Sesam bestreuen.

Tip:
Einen Teil des Gemüses mit etwas Kochflüssigkeit im Mixer pürieren. Dann wird die Suppe schön cremig.

Gemüse-Topf mit Kräuterrahm

1 Stengel Bleichsellerie
1 Zwiebel
1 Knoblauchzehe
2 Msp. Butter
250 g Kartoffeln, Würfel
6 Artischockenherzen, Dose
2 dl Gemüsebouillon
2 Tomaten, Würfel
4 EL Rahm
1 EL gehackte Petersilie
Basilikum

Bleichsellerie, Zwiebel und Knoblauch fein schneiden. In der Butter glasig dünsten. Kartoffeln und Artischocken beifügen, kurz mitdünsten. Mit Bouillon aufgiessen, zudecken und köcheln, bis die Kartoffeln weich sind. Dann die Hälfte herausnehmen und mit einer Gabel zerdrücken. Mit den Tomaten in die Pfanne zurückgeben, ohne Deckel 10 Minuten köcheln, würzen. Vor dem Servieren Rahm steif schlagen, mit den Kräutern mischen und über das Gemüsegericht verteilen.

Tip:
Rahm durch Sauerrahm oder Rahmquark ersetzen.

Kohlrabi mit Gorgonzola

1 Kohlrabi, Viertel
2 Stengel Bleichsellerie, Stücke
knapp 1 dl Gemüsebouillon
1 EL Vollkornmehl
2 Msp. Butter
0,5 dl Rahm
50 g Gorgonzola
Salz, Pfeffer, Dill

Kohlrabi und Bleichsellerie in Bouillon zugedeckt 10 Minuten garen. Herausnehmen und zugedeckt warmstellen. Kochflüssigkeit ebenfalls beiseite stellen. Mehl in Butter andünsten. Kochflüssigkeit vom Gemüse unter Rühren dazugiessen und aufkochen. Rahm und gewürfelten Gorgonzola beigeben und 2 Minuten köcheln. Sauce würzen, Gemüse beifügen und kurz warm werden lassen.

Tip:
Anstelle von Kohlrabi 250 g Pâtisson in zwei Zentimeter grosse Würfel schneiden.

Kartoffelchüechli mit Sonnenblumenkernen
(Foto auf Seite 84)

2 mehligkochende Kartoffeln, z.B. Bintje
50 g Feta, zerkrümelt
1 EL Hefeflocken
Meersalz, Pfeffer, Thymian
2 EL Getreide-Risotto, fein gemahlen
2 EL Sonnenblumenkerne, grob gehackt
1/2 TL Bratbutter
250 g Blattspinat, tiefgekühlt
1/2 EL Sauerrahm

Kartoffeln in der Schale weich kochen, noch heiss schälen und mit einer Gabel fein zerdrücken. Feta und Hefeflocken daruntermischen, würzen. Soviel Getreide-Mehl daruntermischen, bis eine formbare Masse entsteht. 10 Minuten zugedeckt ruhen lassen. Aus der Kartoffelmasse zwei bis drei Chüechli formen, in den Sonnenblumenkernen wenden. In einer beschichteten Pfanne in der Bratbutter auf beiden Seiten golden braten. Blattspinat nach Packungsanleitung erhitzen, mit Sauerrahm verfeinern.

Tip:
Getreide-Mischung im Cutter oder in der Getreidemühle mahlen.

Vegetarische Rezepte

Gefüllte Tomaten mit Couscous

30 g Couscous
Salz
2 mittelgrosse Tomaten
1/4 grüne Peperone, Würfel
1 Frühlingszwiebel, fein gehackt
1 Msp. Butter
50 g Feta, zerdrückt
1 EL Sultaninen
Pfeffer
1 EL gehackte Petersilie

Couscous ausbreiten. Mit vier Esslöffel heissem Salzwasser beträufeln. Quellen lassen, dann von Hand die Klümpchen lockern. Im oberen Drittel der Tomaten einen Deckel wegschneiden, sorgfältig aushöhlen. Fruchtfleisch beiseite stellen. Tomaten innen leicht salzen und umgedreht auf ein Küchenpapier setzen. Peperone und Frühlingszwiebel in der Butter andünsten. Tomatenfruchtfleisch dazugeben, einkochen lassen. Couscous, Feta und Sultaninen daruntermischen, würzen. In die Tomaten verteilen, den Deckel aufsetzen und im Dampf zugedeckt während 10 Minuten heiss werden lassen.

Tips:
Anstelle von Couscous al dente gekochten Reis oder Linsen verwenden. Feta durch einen anderen Vollfettkäse ersetzen.

Reis-Linsen-Gemüse mit Sauerrahm

2 EL Vollreis
2 EL grüne Puy-Linsen
1,5 dl Gemüsebouillon
1 kleiner Zucchino, Scheiben
1 Fenchel, Streifen
1 Tomate, Würfel
1 TL Öl
Salz, Pfeffer
50 g Sauerrahm
1 EL gehackte Petersilie
1 EL Haselnüsse, gehackt

Reis-Linsen-Gemisch in Bouillon 10 Minuten köcheln. Von der heissen Herdplatte ziehen, zudecken und quellen lassen. Gemüse in Öl 5 Minuten zugedeckt dünsten, würzen. Gemüse samt Saft unter das Reis-Linsen-Gemisch heben. Sauerrahm mit Petersilie und Nüssen verrühren, leicht würzen. Zum Reis-Linsen-Gemüse servieren.

Tip:
Nur Reis, Linsen, Hirse oder Grünkern verwenden.

Roter Pilaw

1 Zwiebel, fein gehackt
1/2 roter Peperone, gewürfelt
1 TL Olivenöl
60 g brauner Langkornreis
1 kleine Dose gehackte Tomaten, 230 g
1 dl Gemüsebouillon
Salz, Paprika, Kreuzkümmel
1 Tomate, Scheiben
1 EL Sauerrahm
50 g Feta
Pfeffer, Dill

Zwiebel und Peperone in Olivenöl glasig dünsten. Reis beifügen, kurz mitdünsten. Tomaten ohne Saft dazugeben. Reis bei kleiner Hitze köcheln. Nach und nach etwas Bouillon dazugiessen. Pilaw in 15–20 Minuten al dente garen. Vor dem Servieren würzen und mit den Tomatenscheiben belegen. Sauerrahm mit Feta verrühren, mit Pfeffer und Dill abschmecken. Zum Pilaw servieren.

Tip:
Anstelle des roten Peperone 100 g Champignons oder andere Zuchtpilze verwenden.

Gratinierter Mais

60 g Maisgriess
1,5 dl Gemüsebouillon
1 EL Maisgriess
1 Eigelb
2 EL geriebener Sbrinz
Muskatnuss
1 Msp. Butter
250 g Blattspinat, tiefgekühlt
2 EL Sauerrahm

Maisgriess unter Rühren in die kochende Bouillon einstreuen. 5 Minuten halbbedeckt köcheln. Von der heissen Herdplatte ziehen, zugedeckt 10 Minuten quellen lassen. Maisgriess, Eigelb und einen Esslöffel Sbrinz unter die Polenta mischen, würzen. Mit einem kalt ausgespülten Glacelöffel Kugeln formen, in eine ofenfeste leicht gefettete Form geben, mit restlichem Sbrinz bestreuen. In der Mitte des auf 200 Grad vorgeheizten Backofens 15 Minuten überbacken. Blattspinat nach Packungsanleitung zubereiten, mit Sauerrahm verfeinern.

Tip:
Anstelle von Maisgriess Weizen(vollkorn)griess verwenden.

Vegetarische Rezepte

SIEBEN-TAGE-MENÜPLAN

	MORGEN	MITTAG/ZU HAUSE	ABEND	MITTAG/AUSWÄRTS
MO	Frühstück süss oder pikant	Gemüsesuppe mit Omelettenstreifen	Kohlrabi mit Gorgonzola	Minestrone ohne Kartoffeln und Pasta Käse
DI	Frühstück süss oder pikant	Gebratener Tofu mit Gemüse	Kartoffelchüechli mit Sonnenblumenkernen	Tofugericht mit Gemüse
MI	Frühstück süss oder pikant	Eierkuchen mit Gemüse	Roter Pilaw	Tortilla mit Gemüse, ohne Kartoffeln
DO	Frühstück süss oder pikant	Kugel-Spiessli Dessert nach Wahl	Gratinierter Mais	Heisse Bouillon Tomatensalat mit Mozzarella
FR	Frühstück süss oder pikant	Gemüse Chinesische Art	Exotische Kartoffelsuppe	Wokgericht ohne Nudeln
SA	Frühstück süss oder pikant	Grillierter Camembert Salat	Reis-Linsen-Gemüse mit Sauerrahm	
SO	Frühstück süss oder pikant	Spargeln mit Ei Dessert nach Wahl	Gefüllte Tomaten mit Couscous	
		EIWEISS	**KOHLEHYDRATE**	**EIWEISS**
GETRÄNKE-VORSCHLÄGE:		Gemüsesaft, Fruchtsaft, Wein, trockener Sherry, Champagner, Mineralwasser, Tee	Bier, Gemüsesaft, Mineralwasser, Tee	Gemüsesaft, Fruchtsaft, Wein, trockener Sherry, Champagner, Mineralwasser, Tee

*Fisch-Cordon-bleu
(Rezept auf Seite 89)*

Gourmet-Rezepte

EINFACH, ABER RAFFINIERT

Raffiniertes auf raffiniert einfache Art – auch die Nuancen der feinen Küche sind teilbar in Eiweiss und Kohlehydrate. Ein Menüplan für Gourmets, die fit und schlank bleiben wollen.

Eiweiss

Rührei mit Crevetten

1 kleiner Kohlrabi, Scheiben
2 Eier
1 EL Halbrahm
1 EL Mineralwasser
Salz, Pfeffer, wenig Curry
1 Msp. Butter
100 g gekochte Crevetten, geschält
Schnittlauchröllchen

Kohlrabi im Dampf knapp weich garen. Eier mit Rahm und Mineralwasser verquirlen, würzen. Butter in einer beschichteten Pfanne warm werden lassen. Eiermasse hineingiessen und unter Rühren bei kleiner Hitze stocken lassen. Crevetten beifügen, wenn das Rührei noch schön feucht ist und kurz erwärmen. Kohlrabi auf einem vorgewärmten Teller anrichten. Rührei mit Crevetten darauf verteilen, mit Schnittlauchröllchen bestreuen.
Tips:
Anstelle der Crevetten 100 g Hüttenkäse beifügen. Kohlrabi durch Knollensellerie ersetzen.

Dorsch im Gemüsesud

1 Tranche Dorsch oder Kabeljau, 200 g
Meersalz
wenig Zitronensaft
je 1/2 grüner, roter und gelber Peperone, Stücke
1 Frühlingszwiebel, grobe Ringe
2 TL Olivenöl
2 dl Gemüsebouillon
1 Tomate, Viertel
wenig Estragon
Pfeffer

Fisch salzen und mit Zitronensaft beträufeln. Zugedeckt 10 Minuten ziehen lassen. Peperoni und Frühlingszwiebel in Olivenöl unter Wenden braten. Bouillon dazugiessen und zugedeckt 5 Minuten leise köcheln lassen. Tomate, Fisch und Estragon zum Gemüse geben. 7 bis 8 Minuten zugedeckt ziehen lassen. Mit Salz und Pfeffer abschmecken.

Muscheln mit Wintergemüse

300 g Venusmuscheln, frisch oder 1/2 Paket (250 g) neuseeländische Riesenmuscheln, tiefgekühlt
250 g Wintergemüse, z.B. Pastinaken, Kürbis, Sellerie, Würfel
1 TL Olivenöl
4 EL Weisswein
2 EL gehackte Petersilie
Sauce:
1 EL Mayonnaise (Fertigprodukt)
1/2 Peperoncino, fein gehackt

Frische Muscheln unter dem fliessenden Kaltwasser gründlich waschen. Tiefgekühlte Muscheln gefroren verwenden. Gemüse in Olivenöl unter Wenden andünsten. Mit Wein ablöschen und zugedeckt 5 Minuten köcheln. Muscheln beifügen und weitere 5 bis 10 Minuten köcheln, bis sie sich geöffnet haben (frische). Petersilie darüberstreuen. Für die Sauce Mayonnaise mit Peperoncino abschmecken und zu den Muscheln servieren.
Tip:
Anstelle der Muscheln 150 g Kabeljaubäggli oder ausgelöste Scampi verwenden.

Fisch-Cordon-bleu
(Foto auf Seite 88)

150 g kleine Fischfilets, z.B. Egli, Felchen
Salz, Pfeffer
25 g Doppelrahm-Frischkäse mit Kräutern
1 kleines Rüebli, gerafft
2 TL Mandelblättchen
1 TL Bratbutter
Beilage:
Gedämpfter Fenchel, Grundrezept siehe Seite 29

Fischfilets würzen, auf einer Seite mit Doppelrahmfrischkäse bestreichen und mit geraffeltem Rüebli bestreuen. Immer zwei Filets (mit der bestrichenen Seite gegeneinander) aufeinanderlegen und in den Mandelblättchen wenden. In einer beschichteten Pfanne in der Bratbutter auf beiden Seiten langsam braten. Gebratene Fischfilets auf dem gedämpften Fenchel anrichten.

*Fischröllchen mit
Frühlingsgemüse
(Rezept auf Seite 91)*

Gourmet-Rezepte

Chowder mit Blumenkohl

250 g Blumenkohl, Röschen
2,5 dl Gemüsebouillon
50 g saurer Halbrahm
Salz, Pfeffer, Cayennepfeffer
einige Tropfen Zitronensaft
100 g Lachsforelle, Streifen
1 gekochtes Ei
wenig gehackte Petersilie und Schnittlauchröllchen

Blumenkohl in der Bouillon knapp weich garen. Die Hälfte der Röschen mit saurem Halbrahm im Mixer pürieren. Zum restlichen Blumenkohl in die Pfanne geben, aufkochen und würzen. Fisch in die leicht kochende Suppe geben und kurz erwärmen. Vor dem Servieren Ei grob hacken und mit den Kräutern in die Suppe streuen.

Tips:
Anstelle der Lachsforelle Crevetten, geräucherte Felchen oder 50 g klein geschnittenen Schinken in die Suppe geben. Die Suppe mit Broccoli oder Romanesco zubereiten.

Fischröllchen mit Frühlingsgemüse
(Foto auf Seite 90)

1 Sole- und 1 Lachsfilet, à 75 g
Salz, Pfeffer
6 Basilikumblätter
1 Frühlingszwiebel, Ringe
1 Rüebli, Rädchen
150 g Kefen, halbiert
50 g Sojasprossen
1 Msp. Butter
4 EL Gemüsebouillon
1 EL Halbrahm

Fischfilets würzen, mit je zwei Basilikumblättchen belegen, aufeinander legen und aufrollen. Frühlingszwiebel und Rüebli in feine Scheiben oder Streifchen schneiden. Gemüse in der Butter unter Wenden kurz braten. Bouillon dazugiessen und Fischröllchen hineinsetzen. Zugedeckt 15 Minuten ziehen lassen. Gemüse mit Rahm verfeinern, restliches Basilikum darüberstreuen.

Tips:
Wenn die Fischfilets nicht sehr schmal sind, halbiert man sie am besten der Länge nach und bereitet zwei Röllchen zu (wie auf dem Bild). Diese Art Fischröllchen (Paupiettes) kann man auch bereits fertig kaufen.

Poulet en papillote

1 Pouletbrüstchen, 150 g
1/4 Zitrone, Schale und Saft
1 Knoblauchzehe, Scheibchen
wenig Peperoncino
einige Koriandersamen
wenig Meersalz
1 TL Olivenöl
1/4 Gurke, geraffelt
1/2 Naturejoghurt, 90 g
Beilage: Gedämpfter Spinat, Grundrezept siehe Seite 29

Das Pouletbrüstchen der Länge nach mehrmals einschneiden. Würzen und mit Olivenöl bepinseln. Auf ein Stück Pergament legen und locker verschliessen. Im Dämpfkörbchen zugedeckt 15–20 Minuten garen. Gurke auspressen und mit dem Joghurt verrühren, würzen. Mit gedämpftem Spinat zum Poulet servieren.

Tips:
Verwenden Sie anstelle des Pouletfleisches Truthahn oder sogar Fisch, z.B. Kabeljaubäggli, Haifisch. Turmkochen: Dämpfen Sie unten den Spinat mit Zwiebeln an, setzen das Dämpfkörbchen mit dem Poulet darauf und garen Sie beides zusammen (bei kleiner Hitze) fertig.

Geflügelröllchen mit Peperonigemüse

2 dünngeschnittene Truthahnschnitzel, 125 g
25 g Doppelrahm-Frischkäse mit Kräutern
50 g Geflügel- oder Kalbsleber
Salz, Pfeffer
1 TL Bratbutter
1 Frühlingszwiebel, Ringe
1 Knoblauchzehe, Scheibchen
1/2 TL Olivenöl
je 1/2 grüner, roter und gelber Peperone, Würfel
3 EL Weisswein
1/2 dl Gemüsebouillon
1 TL Tomatenpüree
1 EL gehackte Petersilie

Die Schnitzel flachklopfen. Auf einer Seite mit Doppelrahmfrischkäse bestreichen und mit je einem Stück Leber belegen. Aufrollen, mit Zahnstochern feststecken und würzen. In der Bratbutter rundum braten. Zugedeckt beiseite stellen. Zwiebel und Knoblauch in Olivenöl glasig dünsten. Peperoni beifügen und mitdünsten. Mit Wein und Bouillon ablöschen, zugedeckt 10 Minuten schmoren. Mit Tomatenpüree, Salz, Pfeffer und Petersilie abschmecken. Röllchen daraufsetzen und kurz erwärmen.

*Lachsschnecken
mit Chicorée-Schiffchen
(Rezept auf Seite 93)*

Gourmet-Rezepte

Lachsschnecken mit Chicorée-Schiffchen
(Foto auf Seite 92)

150 g Lachsfilet am Stück, ohne Haut
1 Dillzweig
2 Chicorée, halbiert
wenig Zitronensaft
1 dl Gemüsebouillon
Salz, Pfeffer
1 TL Butter
wenig Senf

Das Lachfilet quer in drei gleichgrosse Streifen schneiden. Zwei Streifen im Kreis anordnen; den dritten zusammengefaltet in die Mitte des Kreises legen. Mit einer Küchenschnur binden. Dill dazwischenstecken. Chicorée mit Zitronensaft und Bouillon in eine Pfanne geben. Dämpfkörbchen daraufsetzen, Fisch auf einem Pergamentpapier darauflegen und würzen. Zugedeckt 10 Minuten dämpfen. Herausnehmen und warmstellen. Kochflüssigkeit auf 3 Esslöffel einkochen. Butterstückchen unter Rühren beifügen, mit Senf würzen.

Filetmédaillons mit Gemüsenudeln

2 Schweinsfiletmédaillons, 125 g
Salz, Pfeffer
1 TL Bratbutter
2 Zucchini
1 Rüebli
1 Knoblauchzehe
1 EL gehackte Petersilie
2 EL saurer Halbrahm
Basilikum

Die Médaillons würzen und in der Bratbutter auf beiden Seiten kräftig anbraten. Zugedeckt beiseite stellen. Zucchini und Rüebli mit dem Sparschäler längs in dünne Streifen hobeln. Diese Gemüsenudeln im verbliebenen Bratsatz unter Wenden kurz braten. Gepressten Knoblauch, Petersilie und sauren Halbrahm dazugeben und bei kleiner Hitze 5 Minuten köcheln. Die Médaillons samt Saft auf die Gemüsenudeln setzen und heiss werden lassen. Mit Basilikum bestreuen und sofort servieren.

1 Kohlrabi, Scheiben
1 Msp. Butter
4 EL Gemüsebouillon
1 EL Halbrahm
Salz, Pfeffer, Muskatnuss
1 EL Schnittlauchröllchen
1 TL gemischte Pfefferkörner
150 g Entrecôte am Stück
1/2 TL Bratbutter
3 EL roter Portwein
3 EL Rindsfond

2 Kalbspaillards, à 50 g
1 TL Bratbutter
Salz, Pfeffer
1 Fenchel, 150 g
3 EL Weisswein
25 g Doppelrahm-Kräuterfrischkäse

Pfeffersteak mit Kohlrabigemüse

Kohlrabi in der Butter andünsten. Bouillon und Rahm dazugiessen. Köcheln, bis die Kohlrabi gar sind und die Sauce sämig eingekocht ist, würzen. Schnittlauch erst vor dem Servieren darüberstreuen. Pfefferkörner grob zerstossen. Fleisch damit «panieren», salzen. In der Bratbutter auf beiden Seiten je 4 bis 5 Minuten braten. Zugedeckt warmstellen. Bratsatz mit Portwein und Fond loskochen. Über das Fleisch verteilen.

Kalbspaillards mit Fenchel

Die Kalbspaillards mit Küchenpapier trockentupfen. In der Bratbutter auf beiden Seiten rasch braten, würzen. In Folie wickeln und warmstellen. Fenchel in dünne Scheiben hobeln. Im verbliebenen Bratsatz andünsten. Mit Wein ablöschen, einkochen lassen. Frischkäse nach und nach beifügen und schmelzen lassen. Kalbspaillards samt Saft zum Fenchel geben und kurz erhitzen.
Tip:
Anstelle der Kalbspaillards Pouletbrustschnitzel verwenden.

*Maissalat mit Avocado
(Rezept auf Seite 95)*

Gourmet-Rezepte

Leberspiesschen mit Apfel

150 g Kalbs- oder frische Geflügelleber
1 kleiner Apfel, Schnitze
wenig Zitronensaft
Salbeiblätter
1 TL Olivenöl
Salz, Pfeffer

Beilage:
Gedämpfter Lattich, Grundrezept siehe Seite 29

Die Leber mit Küchenpapier trockentupfen, Kalbsleber in Würfel schneiden. Apfelschnitze mit Zitronensaft beträufeln. Leber, Apfel und Salbei an Spiesschen stecken. Mit Olivenöl bepinseln. In einer beschichteten Pfanne auf beiden Seiten langsam braten, würzen. Dazu den gedämpften Lattich servieren.

Tip:
Anstelle der Leber Poulet- oder Kalbfleisch verwenden.

Tatarschnitte mit Kürbis

250 g Kürbis, Schnitze
Salz
150 g Tatarfleisch
1 EL geriebener Parmesan
1 EL Pinienkerne, fein gehackt
Pfeffer, Rosmarin
2 TL Olivenöl
3 EL fertige Tomatensauce

Den Kürbis auf beiden Seiten salzen und Saft ziehen lassen. Tatarfleisch mit Parmesan, Pinienkernen und Gewürzen mischen. Zu einem eher flachen Tätschli formen. Kürbis trockentupfen, mit einem Teelöffel Olivenöl zugedeckt knapp weich garen. Hackfleisch in restlichem Olivenöl in einer beschichteten Pfanne auf beiden Seiten braten. Kürbis mit Hackfleisch und der Tomatensauce servieren.

Kohlehydrate

Maissalat mit Avocado
(Foto auf Seite 94)

150 g Gemüse, gemischt, z.B. Kefen, Erbsli, Peperoni, Tomaten
100 g Maiskörner, abgetropft
1/2 reife Avocado, Würfel
2–3 EL French Dressing, Salatsaucen siehe Seite 27
25 g Gorgonzola, Würfel
2–3 Blätter Krachsalat
2 EL gehackte Petersilie

Gemüse in mundgerechte Stücke schneiden, im Dämpfkörbchen zugedeckt knackig garen. Ausgekühlt mit Maiskörnern und Avocado mischen. Dressing mit Gorgonzola cremig rühren, unter das Gemüse mischen. Maissalat auf den Salatblättern anrichten, mit Petersilie bestreut servieren.

Tomaten-Essenz mit Bohnen und Spinat

1 kleine Dose gehackte Tomaten, 230 g
2 dl Gemüsebouillon
1/2 Dose rote Bohnen, 100 g
100 g Spinat
1 EL Pesto (fertig)

Vorspeise:
Rüebli- und Sellerie-Salat, Grundrezept siehe Seiten 25–27

Tomaten samt Saft mit Bouillon aufkochen. Durch ein feines Sieb abgiessen und in die Pfanne zurückgeben. Die abgetropften Bohnen und Spinat beifügen und warm werden lassen. Mit Pesto servieren.

Tip:
Die Bohnen durch Tortellini mit Spinatfüllung, Kartoffelgnocchi oder Spätzli ersetzen.

Artischocken auf Blätterteig
(Rezept auf Seite 97)

Gourmet-Rezepte

Kartoffel-Spinatsuppe

250 g mehligkochende Kartoffeln
1 Frühlingszwiebel, Ringe
1 TL Butter
2 dl Gemüsebouillon
150 g junger Spinat
Salz, Pfeffer, Muskatnuss
2 EL Sauerrahm, 35% F.i.Tr.
2 TL Sesamsamen, geröstet

Kartoffeln in Scheiben hobeln. Frühlingszwiebel in der Butter glasig dünsten. Kartoffeln beifügen, kurz mitdünsten. Bouillon dazugiessen, halbzugedeckt 10 Minuten köcheln. Spinat gut abgetropft in die Suppe geben und zusammenfallen lassen, würzen. Sauerrahm unter die Suppe rühren, anrichten, mit Sesam bestreuen.

Tip:
Einen Teil des Gemüses mit etwas Kochflüssigkeit im Mixer pürieren. Dann wird die Suppe schön cremig.

Gefüllte Kräuterkartoffeln

2 Kartoffeln, 250 g

Füllung:
1 Eigelb
50 g Doppelrahm-Frischkäse mit Kräutern
1 EL geriebener Sbrinz
1 EL gehackte Petersilie
1 EL Schnittlauchröllchen
Salz, Pfeffer

Kartoffeln mit der Schale im Dampf zugedeckt knapp weich kochen. Im oberen Drittel einen Deckel wegschneiden. Kartoffeln bis auf einen zentimeterbreiten Rand aushöhlen. Ausgehöhltes und Deckel fein zerdrücken. Eigelb, Doppelrahm-Frischkäse, Sbrinz, Petersilie und Schnittlauch beifügen, würzen. Masse in die ausgehöhlten Kartoffeln füllen. Ins Dampfkörbchen zurückgeben und zugedeckt 10 Minuten erhitzen.

Tip:
Doppelrahmfrischkäse durch Gorgonzola ersetzen.

Artischocken auf Blätterteig
(Foto auf Seite 96)

125 g Blätterteig
wenig Mehl
4–6 eingelegte Artischockenherzen
50 g Pfefferboursin
farbiger Pfeffer, grob zerstossen

Beilage:
Roter Chicoréesalat (Cicorino rosso)

Den Blätterteig auf Mehl rechteckig auswallen, in zwei Dreiecke schneiden. Artischocken je nach Grösse halbieren, auf dem Teig verteilen. Boursin in kleinen Stücken darüberstreuen. Auf einem Blech in die Mitte des auf 225 Grad vorgeheizten Backofens schieben und 15–20 Minuten backen. Mit dem Pfeffer bestreuen. Dazu den Chicoréesalat servieren.

Tips:
200 g Kartoffelscheiben aus dem Beutel in einer ofenfesten Form verteilen. Mit Artischocken und Boursin belegen und überbacken. Oder eine Maiswurst in Scheiben schneiden, mit den gleichen Zutaten belegen und im Ofen überbacken.

Mais-Peperonischiffchen

1 Peperone, halbiert

Füllung:
1 Zwiebel, fein gehackt
1 TL Olivenöl
1 Tomate, Würfel
2 EL 2-Minuten-Mais
100 g Maiskörner, abgetropft
50 g Rahmquark
1 EL geriebener Sbrinz
Salz, Pfeffer
1 EL gehackte Petersilie

Für die Füllung Zwiebel im Öl glasig dünsten. Tomate beifügen und kurz mitdünsten. Maisgriess und -körner einstreuen, mischen. 2 Minuten köcheln lassen. Pfanne von der Herdplatte ziehen, Rahmquark und Sbrinz daruntermischen, würzen. Füllung in die Peperonihälften verteilen, in ein Dämpfkörbchen geben und zugedeckt 10 Minuten erhitzen.

*Klebreis mit Feigenkompott
(Rezept auf Seite 99)*

Gourmet-Rezepte

Pissaladière mit Oliven und Tomaten

200 g Gemüsezwiebel, Ringe
2 TL Olivenöl
2 Scheiben Schwarzbrot, 50 g
4 grüne Oliven, entsteint
2 eingelegte Tomaten
Herbes de Provence

Beilage: Friséesalat

Die Gemüsezwiebel in wenig Olivenöl zugedeckt weich dünsten. Die Brotscheiben leicht rösten, mit einem Teelöffel Olivenöl beträufeln. Nebeneinander in eine ofenfeste Form legen. Zwiebelgemüse darauf verteilen. Oliven und Tomaten fein schneiden und darauf legen. Restliches Olivenöl darüberträufeln, würzen. In der Mitte des auf 225 Grad vorgeheizten Backofens 10–15 Minuten überbacken. Mit Friséesalat servieren.

Blätterteigkrapfen mit Artischocken

125 g Blätterteig, ausgewallt
2 Frühlingszwiebeln, fein gehackt
1 Msp. Butter
1 EL Ruchmehl, 10 g
4 EL Milch
4–6 eingelegte Artischockenherzen
30 g Gorgonzola, Würfel
Salz, Pfeffer

Blätterteig in zwei gleichgrosse Stücke schneiden. Zugedeckt kalt stellen. Frühlingszwiebeln in der Butter glasig dünsten. Mehl einstreuen und kurz mitdünsten. Milch dazugiessen und unter Rühren sämig einkochen. Klein geschnittene Artischockenherzen und Gorgonzola unter die Sauce mischen. Ausgekühlt auf die beiden Teigstücke verteilen. In der Hälfte überschlagen, Ränder festdrücken. Sofort in der Mitte des auf 225 Grad vorgeheizten Backofens 15 Minuten backen.

Tomatenquiche

125 g Blätterteig, rund oder eckig ausgewallt
2 EL Tomatenpüree
Salz, Pfeffer, Basilikum
250 g Pendolino-Tomaten
1/2 Beutel Mozzarelline, 60 g
1 TL Olivenöl

Aus dem Blätterteig zwei Quadrate oder Kreise ausschneiden. Tomatenpüree mit Salz, Pfeffer und Basilikum würzen. Auf dem Teig verstreichen, dabei einen Rand frei lassen. Tomaten und Mozzarelline dicht darauf verteilen. Öl darüberträufeln. Quiche sofort im unteren Teil des auf 200 Grad vorgeheizten Backofens 20 Minuten backen. Heiss servieren.

Klebreis mit Feigenkompott
(Foto auf Seite 98)

30 g Klebreis
1 1/2 dl Milch
1/2 Vanillestengel, aufgeschlitzt
2 TL Mandelmus

Kompott:
1 dl roter Traubensaft
1 EL Brombeerkonfitüre
2 reife Feigen, Schnitze

Vorspeise: Heisse Bouillon

Reis mit Milch und ausgekratztem Vanillemark aufkochen. 2 Minuten köcheln lassen, zudecken und Reis bei kleinster Hitze oder ausgeschalteter Herdplatte 10–15 Minuten ausquellen lassen. Mit Mandelmus abschmecken. Für das Kompott Traubensaft und Konfitüre aufkochen. Feigen beifügen und kurz ziehen lassen. Zum Reis servieren.

Tips:
Anstelle der Brombeerkonfitüre Honig verwenden. So geht's noch schneller: Kompottfrüchte (im eigenen Saft) aus der Dose verwenden. Mischen Sie unter den gekochten Reis 1 Esslöffel Rahmquark oder Mascarpone. Den Reis können Sie lauwarm oder kalt servieren.

Gourmet-Rezepte

Spinat-Toast

1 kleine Zwiebel, fein gehackt
1 Knoblauchzehe, gepresst
1/2 TL Bratbutter
250 g gehackter Spinat, tiefgekühlt
1 kleine Tomate, Würfel
Salz, Pfeffer, Muskatnuss
1/2 Kugel Mozzarella, 75 g
2 Scheiben Vollkorntoastbrot

Zwiebel und Knoblauch in der Bratbutter glasig dünsten. Leicht angetauten Spinat beifügen und mitdünsten. Tomaten unter den Spinat mischen und 5 Minuten köcheln, würzen. Mozzarella auf der Röstiraffel reiben und unter den Spinat mischen. Brotscheiben auf beiden Seiten toasten. Mit dem Spinatgemüse belegen und sofort servieren.
Tip:
Mozzarella durch Feta oder einen Ziegenfrischkäse ersetzen.

Pilz-Omelette

3 EL Instant-Kartoffelflocken
2 TL Mehl
5 EL heisses Wasser
3 EL Rahm
1 Eigelb
1 Msp. Backpulver
Salz, Pfeffer, Muskatnuss
100 g Champignons
1 TL Bratbutter
1 EL gehackte Petersilie

Kartoffelflocken mit Mehl mischen. Kochend heisses Wasser unter Rühren dazugiessen, kurz quellen lassen. Rahm, Eigelb und Backpulver beifügen, würzen. Champignons blättrig schneiden. In der Bratbutter unter Wenden braten. Petersilie und Kartoffelmasse beifügen, zugedeckt fest werden lassen. Wenden und auf der zweiten Seite ebenfalls braten.

Verhüllter Käse

1 Tomme à la crème
2 TL Pesto
1 kleiner Zucchino

Vorspeise:
Heisse Bouillon mit Gemüsestreifen

Tomme rundum mit einer Gabel einstechen. Mit Pesto bestreichen. Zucchino in dünne Scheiben hobeln und schuppenartig darankleben. Mit wenig Öl vom Pesto bepinseln. In der Mitte des auf 200 Grad vorgeheizten Backofens 10–15 Minuten backen. Als Vorspeise die Bouillon servieren.
Tip:
Anstelle der Zucchino- Kartoffel- oder Auberginenscheiben verwenden.

Grüne Tagliatelle

1 kleine Dose gehackte, geschälte Tomaten, 230 g
75 g grüne Tagliatelle
Salz
1/2 TL Olivenöl
1/2 reife Avocado, Würfel
einige Basilikumblätter
Pfeffer

Tomaten in ein Sieb abgiessen und abtropfen lassen. Tagliatelle in reichlich siedendem Salzwasser al dente garen. Abgiessen, mit Olivenöl, Tomaten, Avocado und Basilikum mischen. Kurz heiss werden lassen. Mit reichlich Pfeffer übermahlen.
Tip:
Basilikum durch Rucola ersetzen.

Gourmet-Rezepte

SIEBEN-TAGE-MENÜPLAN

	MORGEN	MITTAG/ZU HAUSE	ABEND	MITTAG/AUSWÄRTS
MO	Frühstück süss oder pikant	Rührei mit Crevetten	Gefüllte Kräuterkartoffeln	Rührei mit Crevetten oder Kräuteromelette Salat
DI	Frühstück süss oder pikant	Poulet en papillote	Maissalat mit Avocado	Poulet vom Grill Gemüse
MI	Frühstück süss oder pikant	Leberspiesschen mit Apfel	Grüne Tagliatelle Salat	Leber venezianische Art Gemüse
DO	Frühstück süss oder pikant	Tatarschnitte mit Kürbis	Tomatenquiche	Hackfleischburger mit Salat
FR	Frühstück süss oder pikant	Fisch-Cordon-bleu Dessert nach Wahl	Pilz-Omelette	Fischfilet mit Mandelblättchen Gedämpftes Gemüse
SA	Frühstück süss oder pikant	Kalbspaillards mit Fenchel	Artischocken auf Blätterteig	
SO	Frühstück süss oder pikant	Lachsschnecken mit Chicorée-Schiffchen Dessert nach Wahl	Klebreis mit Feigenkompott	
		EIWEISS	**KOHLEHYDRATE**	**EIWEISS**
GETRÄNKE-VORSCHLÄGE:		Gemüsesaft, Fruchtsaft, Wein, trockener Sherry, Champagner, Mineralwasser, Tee	Bier, Gemüsesaft, Mineralwasser, Tee	Gemüsesaft, Fruchtsaft, Wein, trockener Sherry, Champagner, Mineralwasser, Tee

*Sonntags-Brunch
(Rezepte auf Seite 103)*

Rezepte für zwei

LIEBE GEHT DURCH DEN MAGEN

*Kein Widerspruch: Gemeinsam trennen vereint.
Eine Wochenende für zwei schlanke Schlemmer. Mit üppigem Brunch und
kleinem, aber feinem Abendmahl. Liebe geht durch den Magen.*

Sonntags-Brunch/Eiweiss
(Foto auf Seite 102)

Avocado mit Nussvinaigrette

1/2 Avocado
wenig Zitronensaft
4 Cherry-Tomaten, Viertel
2 Baumnusskerne, gehackt
1 EL gehackte Petersilie
2 EL klare Salatsauce (Italian), siehe S. 27

Avocado mit Zitronensaft beträufeln, damit sie sich nicht verfärbt. Tomaten, Baumnüsse, Petersilie und Salatsauce sorgfältig mischen. In die Vertiefung der Avocadohälfte füllen.

Avocado mit Crevetten

1/2 reife Avocado
wenig Zitronensaft
100 g gekochte Crevetten, geschält
1 Stück Gurke, Würfel
1 kleine Tomate, Schnitze
2 EL French Dressing, siehe Seite 27
wenig Basilikum

Aus der Avocado Kugeln ausstechen. Sofort mit Zitronensaft beträufeln, damit sie sich nicht verfärben. Schale der Avocado beiseite stellen. Avocado, Crevetten, Gurke, Tomate und Salatsauce sorgfältig mischen. In die Avocadoschale füllen, mit Basilikum bestreuen.

Lachsmousse

125 g frischer Lachs, ohne Haut
1 TL Limonensaft
1 Handvoll Brunnenkresse oder Portulak
2 EL saurer Halbrahm
1 kleines Eiweiss

Den Lachs fein hacken. Mit Limonensaft beträufeln. Grobe Stiele von Brunnenkresse oder Portulak entfernen, mit saurem Halbrahm unter den Lachs mischen. Eiweiss steif schlagen und locker darunterheben. Mousse in ein Portionsförmchen füllen und bis zum Servieren zugedeckt kaltstellen.

Fischtatar

1 Lachsforellenfilet, ohne Haut
1 Scheibe geräucherter Lachs
1 TL gehackter Dill
1 TL Zitronensaft
wenig Salz, Pfeffer
1/2 Gurke, Scheibchen

Fischfilet und Lachs 10 Minuten ins Tiefkühlfach stellen. Anschliessend im Cutter nicht zu fein hacken, würzen. Fischtatar auf der Gurke anrichten.
Tip:
Anstelle des geräucherten Lachses Crevetten verwenden oder das gehackte Fischfilet mit einem kleinen Döschen Forellenkaviar mischen.

Graved Lachs mit Meerrettich

50 g Graved Lachs
2 EL Rahmquark
1 TL geriebener Meerrettich
Pfeffer aus der Mühle

Graved Lachs auf einen Teller anrichten. Rahmquark mit Meerrettich verrühren, würzen. Zum Lachs servieren.

Lachs auf Apfelscheiben

1 kleiner Apfel
1 dl trüber Apfelsaft
wenig Butter
1 TL Senf
2–3 Scheiben Räucherlachs

Den Apfel mit dem Apfelausstecher entkernen, anschliessend in Scheiben schneiden. Apfelsaft, Butter und Senf aufkochen. Apfelscheiben darin knapp weich garen, auskühlen lassen. Räucherlachs zu Rosetten formen und auf den Apfelscheiben anrichten.
Tip:
Anstelle von Räucherlachs geräucherte Felchen- oder Forellenfilets verwenden.

Rezepte für zwei

Shrimpsgratin

150 g Crevettenschwänze, ausgelöst
50 g Doppelrahm-Kräuterfrischkäse
1 dl Halbrahm

Crevetten in eine ofenfeste Form geben. Frischkäse mit Rahm verrühren und darübergiessen. In den oberen Teil des auf 225 Grad vorgeheizten Backofens geben und kurz überbacken.

Mariniertes Fleisch

75 g Kalbsbraten oder Truthahnschinken, geschnitten
1 EL Sojasauce
1 EL Reiswein oder Sherry
1 TL Sesamöl
1/2 TL Sesamsamen, geröstet

Fleischscheiben auf einer flachen Platte auslegen. Sojasauce, Reiswein oder Sherry, Öl und Sesam verrühren. Über das Fleisch träufeln und kurz ziehen lassen.

Entenbrust mit Beeren

150 g Blueberries (Zucht-Heidelbeeren)
1 Stück Zimt
1 dl roter Traubensaft
100 g geräucherte Entenbrust

Blueberries mit Zimt und Traubensaft 10 Minuten köcheln. Anschliessend auskühlen lassen. Entenbrust aufschneiden und mit ausgekühltem Beerenkompott servieren.
Tip:
Falls Sie frische Preiselbeeren oder Cranberries finden, können Sie das Beerenkompott damit zubereiten.

Orangen-Rucola-Salat

1 Blondorange
1/4 Bund Rucola
1 Handvoll Blueberries
1 TL Olivenöl
Salz, Pfeffer

Die Orange filetieren, dabei den Saft auffangen. Mit Rucola auf einem Teller anrichten, Blueberries darüberstreuen. Orangensaft, Olivenöl und Gewürze verrühren und über den Salat träufeln.
Tip:
Anstelle von Rucola fein gehobelten Fenchel verwenden.

Wein-Gelée

Für 2 Portionen:
3 dl Weisswein
1 dl Wasser
1 TL farbige Pfefferkörner
5 Blatt Gelatine, eingeweicht
1 kleine reife Birne
wenig Zitronensaft
2 dünne Scheiben Blauschimmelkäse

(am Vorabend vorbereiten)
Weisswein, Wasser und Pfefferkörner 5 Minuten köcheln. Gelatine gut auspressen, in der heissen Flüssigkeit auflösen, auskühlen lassen. Birne in feine Schnitze schneiden, sofort mit Zitronensaft beträufeln. Lagenweise mit Käse und Sulze in eine Form schichten und zum Erstarren kaltstellen.

Ei im Töpfchen

1 Msp. Butter
2 EL gehackte Kräuter
1 frisches Ei
1 EL Hüttenkäse oder Ricotta

Ein ofenfestes Souffléförmchen bebuttern. Kräuter und aufgeschlagenes Ei hineingeben; Hüttenkäse oder zerkrümelten Ricotta darüberstreuen und mit Folie zudecken. Im warmen Wasserbad 7 bis 10 Minuten ziehen lassen.

Omelettensalat

2 Eier
1 EL kohlensäurehaltiges Mineralwasser
wenig Butter
1 Handvoll italienische Petersilienblätter
Dip:
1 TL Sesam-Mus (Tahin)
2 EL helle Sojasauce
wenig Peperoncino, Ringe

Eier und Mineralwasser verquirlen. In einer beschichteten Pfanne in wenig Butter eine oder zwei dünne Omeletten backen. Aufrollen und fein schneiden. Mit Petersilienblättern bestreuen und mit Sesam-Dip beträufeln.

Gebratener Schinken

50 g Lachsschinken
1 TL Sojasauce
1/2 TL Sesamsamen, geröstet

Lachsschinken in einer beschichteten Pfanne auf beiden Seiten kurz braten. Sojasauce und Sesam darüber verteilen.

Rezepte für zwei

Rüebli-Rohkost

1 Halbblutorange, filetiert
2 TL Mandelmus
2–3 Rüebli, geraffelt
Salz, Pfeffer

Den Saft beim Filetieren der Orange auffangen und mit dem Mandelmus verrühren. Orangenfilets und Rüebli darunter mischen, würzen und kurz ziehen lassen.

Gefüllte Champignons

4–6 grosse Champignons
wenig Zitronensaft
1 TL Butter
2 EL gehackte Petersilie
Salz, Pfeffer
2 Scheiben Lachs
2 EL Blanc battu
1 TL geriebener Meerrettich

Die Stiele der Champignons ausbrechen. Mit Zitronensaft beträufeln und fein hacken. Champignonshüte in der Butter kurz dünsten, herausnehmen. Gehackte Stiele und Petersilie beifügen und bei hoher Hitze braten, bis alle Flüssigkeit verdampft ist, würzen und in die Champignonshüte füllen. Je ein Stück Lachs rosettenartig hineingeben. Blanc battu und Meerrettich verrühren und hineinfüllen.

Gefüllter Rosenkohl

4–6 grosse Rosenkohl
Salz
1 TL Olivenöl
1 TL Sherry-Essig
1 dünne Scheibe Entenleberterrine, 20 g
Pfeffer aus der Mühle

Rosenkohl im siedenden Salzwasser blanchieren, herausnehmen, kalt abschrecken und gut abtropfen lassen. Dann Blatt für Blatt wie eine Rose sorgfältig lösen, so dass sie aber am Strunk noch zusammenhalten. Mit Olivenöl und Sherry-Essig bepinseln. Mit je einem Stück Entenleberterrine füllen und Pfeffer darübermahlen.
Tip:
Anstelle von Entenleberterrine Tapénade, gekochten Lachs, Forellenkaviar oder Hüttenkäse einfüllen. Sie können auch die Blätter einzeln füllen oder den Rosenkohl halbieren, wenn sie sich nicht lösen lassen (je nach Sorte).

Gemüse mit Dip

150 g Gemüse der Saison, roh oder kurz blanchiert, z.B. Radiesli, Gurken, Rüebli, Fenchel
Dip:
2 EL Halbfettquark
4–5 EL fettfreie Gemüsebouillon
2 EL gehackte Kräuter

Für den Dip alle Zutaten verrühren. Das Gemüse dazu servieren.

Getränke

Schwarzer Kaffee mit 1–2 Teelöffeln Rahm pro Tasse, Schwarz- oder Matétee dazu servieren.
Zu Fisch und Meerfrüchten 1 Glas trockenen Champagner oder Sekt trinken.

Früchte

Zum Schluss eine Handvoll Heidel- oder Brombeeren, eine halbe Papaya oder eine Baby-Ananas essen. Oder ein richtiges Dessert:

Luftige Crème

Für 2 Portionen:
2 Eiweiss
2 TL Süssstoffpulver
150 g Blanc battu
1 dl Rahm
1 Körbchen Erdbeeren, 250 g

(am Vorabend vorbereiten)
Eiweiss mit Süssstoffpulver steif schlagen. Rahm ebenfalls. Beides sorgfältig unter den Blanc battu heben. Ein Sieb mit einem Mulltuch auslegen. Die Crème einfüllen und über Nacht im Kühlschrank über einem Gefäss abtropfen lassen. Vor dem Servieren in Schälchen füllen, mit Erdbeeren servieren.

*Dim-Sum-Soup
(Rezept auf Seite 107)*

Rezepte für zwei

Abendessen/Kohlehydrate

Die folgenden Rezepte sind für 2 Portionen:

Dim-Sum-Soup
(Foto auf Seite 106)

8–10 Dim-Sum mit Gemüse
2 Frühlingszwiebeln
1 Knoblauchzehe
1 TL Maiskeimöl
1 Dose Kokos-Extrakt, 200 ml
1 dl Vollmilch
Meersalz,
Thai-Basilikum

Dim-Sum nach Anleitung auf der Packung im Dampf garen. Frühlingszwiebeln und Knoblauch im Öl andünsten. Kokos-Extrakt und Milch dazugiessen, 3 Minuten köcheln, würzen. Dim-Sum in die Suppe geben und kurz erwärmen. Sofort servieren.
Tips:
Anstelle der Dim-Sum gekochte Reisnudeln oder Gnocchi mit Basilikum verwenden. Schmeckt auch mit glattblättriger Petersilie oder einer Mischung aus frischen Kräutern.

Bohnen-Chili

100 g kleine Champignons
2 kleine Kartoffeln
1 kleiner grüner Peperone
1 TL Olivenöl
1 Dose rote Bohnen, 200 g
1 kleine Dose gehackte Tomaten, 230 g
Salz, Pfeffer, Kreuzkümmel, Koriander, Chilipulver

Beilage:
1 reife Avocado
wenig Essig
1 Frühlingszwiebel, fein gehackt
frischer Koriander
Tortilla-Chips

Die Stiele der Champignons ausbrechen, fein hacken. Kartoffeln und Peperone fein würfeln. Mit den gehackten Stielen im Öl andünsten. Abgetropfte Bohnen und Tomaten beifügen, 10 Minuten offen köcheln. Champignons beifügen, würzen und 10 Minuten weitergaren. Für die Beilage Avocado würfeln. Mit wenig Essig und Zwiebeln mischen, würzen. Mit den Tortilla-Chips zum Bohnen-Chili servieren.

8–10 grosse Pastamuscheln
Füllung:
1 Dose Kichererbsen, 200 g
1 Eigelb
2 EL Doppelrahm-Frischkäse
Salz, Cayennepfeffer, Kreuzkümmel
Beilage:
350 g gemischtes Gemüse
2 TL Olivenöl
Petersilie

Pasta-Muscheln

Pasta in siedendem Salzwasser al dente garen, abgiessen und abtropfen. Für die Füllung abgetropfte Kichererbsen mit Eigelb, Doppelrahm-Frischkäse und 2 Esslöffeln Pasta-Kochwasser pürieren, würzen. In die Muscheln füllen. Für die Beilage das Gemüse in feine Streifen schneiden. Im Öl 2 Minuten rührbraten, würzen. Gefüllte Muscheln daraufsetzen, zudecken und warm werden lassen.
Tip:
Gefüllte Muscheln im Dampf heiss werden lassen. Auf gemischten Blattsalaten anrichten.

2 Scheiben Bauernbrot, altbacken
1–2 EL Rotweinessig
1–2 EL Olivenöl
250 g gemischte Antipasti (Zucchini, Auberginen, Peperoni)
150 g Pizzatomaten (pendolino)
1 Knoblauchzehe
Basilikum, Petersilie, gehackt
Meersalz, Pfeffer

Antipasti-Salat

Brot in Stücke zupfen. 2–3 Esslöffel kochendheisses Wasser, Essig und Olivenöl darüberträufeln. Antipasti abtropfen, in einer weiten Pfanne erwärmen. Pizzatomaten halbieren, beifügen und erkalten lassen. Kurz vor dem Servieren unter das Brot mischen. Mit Knoblauch, Basilikum, Salz und Pfeffer abschmecken.
Tips:
Die beliebten Gemüse-Antipasti finden Sie in Öl oder Essigsud eingelegt – offen oder im Glas – beim Italiener oder beim Grossverteiler. Deshalb Olivenöl oder Essig sparsam dosieren. Wenn Sie Zeit haben, können Sie die Antipasti selber zubereiten. Die Anleitung dafür finden Sie auf Seite 53.

Rezepte für zwei

Spaghetti mit Kartoffeln

125 g farbige Spaghetti
Salz
2 mittelgrosse Kartoffeln
1 Knoblauchzehe
2 TL Olivenöl
1 Rosmarinzweig
2 EL Sauerrahm, 35% F.i.Tr.
2 EL geriebener Parmesan
schwarzer Pfeffer

Spaghetti in reichlich siedendem Salzwasser al dente kochen. Kartoffeln samt Schale sowie den Knoblauch in 2 Millimeter dicke Scheiben schneiden. Mit Rosmarinnadeln in Olivenöl knusprig braten. Kochwasser der Spaghetti bis auf einige Esslöffel abgiessen. Auf die Herdplatte zurückstellen. Sauerrahm darunterrühren und aufkochen. Kartoffelgemisch beifügen, Parmesan dazu servieren.

Tip:
Die neuen Kartoffeln sind dafür am besten geeignet. Sieht dekorativ aus: Kartoffeln mit roter Schale verwenden.

Mexikanische Suppe

2 Frühlingszwiebeln, gehackt
1 Knoblauchzehe, gehackt
1 TL Korianderkörner, gequetscht
1/2 TL Kreuzkümmel, gequetscht
1 roter Peperone, Streifen
1 roter Peperoncino, Ringe
2 TL Maiskeimöl
1 Dose rote Bohnen, abgetropft
4 dl Tomatensaft
1 EL Chilisauce

Beilage:
Tortilla-Chips und Avocadowürfel

Frühlingszwiebeln, Knoblauch, Gewürze, Peperone und Peperoncino im Öl 7 Minuten andünsten. Restliche Zutaten beifügen, aufkochen. Bei kleiner Hitze 20 Minuten köcheln, abschmecken. Mit 6–8 Tortilla-Chips im Mixer pürieren, abschmecken. Nochmals aufkochen, heiss mit Tortilla-Chips und Avocado servieren.

Kartoffel-Chüechli mit Sauerrahm

1 grosse Kartoffel, ca. 200 g
1 Frühlingszwiebel, feine Ringe
2 TL gehackter Dill
Salz
1 1/2 TL Mehl
1 Eigelb
2 TL Bratbutter

Sauce:
100 g Sauerrahm
reichlich Dill
Salz, Pfeffer
1 kleines Döschen Lachsrogen, ca. 50 g

Kartoffel schälen und fein raffeln. In einem Sieb gut auspressen. Frühlingszwiebel, Dill, Salz, Mehl und Eigelb beifügen. 4 flache Chüechli formen und in der Bratbutter unter Wenden goldgelb braten. Für die Sauce Sauerrahm mit Dill, Salz und Pfeffer abschmecken. Lachsrogen locker daruntermischen. Zu den Chüechli servieren.

Pasta-Salat

125 g Farfalle (ital. Pasta)
Salz
200 g Spargelspitzen
1 Tomate, enthäutet, entkernt
1 Handvoll TK-Erbsen
2–3 EL klare Salatsauce, siehe Seite 27
einige Basilikum- und Petersilienblätter
4 Mozzarelline
2 TL Pesto-Sauce

Farfalle in reichlich siedendem Salzwasser al dente kochen. Spargelspitzen 10 Minuten mitkochen. Abgiessen, noch warm mit Tomatenwürfeln, Erbsen und Salatsauce mischen. Zugedeckt auskühlen lassen. Pasta-Salat in zwei Teller verteilen. Kräuterblättchen darüberstreuen. Mozzarelline in der Pesto-Sauce wenden und daraufsetzen.

Tip:
Anstelle von Spargeln grüne Bohnen oder Kefen verwenden.

Rezepte für zwei

WOCHENEND-MENÜPLAN

1. VORSCHLAG:	MORGEN	MITTAG/ZU HAUSE	ABEND	MITTAG/AUSWÄRTS
FR	Früchte und Tee	Leichtes Mittagessen z.B. Bouillon mit Ei	Pasta-Salat	Leichtes Mittagessen z.B. Bouillon mit Ei
SA		Brunch	Bohnen-Chili Dessert nach Wahl	
SO		Brunch	Kartoffel-Chüechli mit Sauerrahm	
2. VORSCHLAG: FR	Früchte und Tee	Leichtes Mittagessen z.B. Gemüseteller	Antipasti-Salat Dessert nach Wahl	Leichtes Mittagessen z.B. Gemüseteller
SA		Brunch	Dim-Sum-Soup Dessert nach Wahl	
SO		Brunch	Mexikanische Suppe	
		EIWEISS	KOHLEHYDRATE	EIWEISS
GETRÄNKE-VORSCHLÄGE:		Gemüsesaft, Fruchtsaft, Wein, trockener Sherry, Champagner, Mineralwasser, Tee	Bier, Gemüsesaft, Mineralwasser, Tee	Gemüsesaft, Fruchtsaft, Wein, trockener Sherry, Champagner, Mineralwasser, Tee

Register

Frühstück/Brunch

Avocado mit Crevetten	103
Avocado mit Nussvinaigrette	103
Beerenjoghurt mit Quinoa	19
Birchermüesli, Original-	65
Champignons, gefüllt	105
Crème, luftig	105
Ei im Töpfchen	104
Entenbrust mit Beeren	104
Fischtatar	103
Fleisch, mariniert	104
Früchte	17
Früchte, exotisch	37
Gemüse mit Dip	105
Graved Lachs mit Meerrettich	103
Käse-Kresse-Aufstrich mit Vollkornbrot	23
Käsebrot	65
Knäckebrot mit Mandelquark	21
Lachs auf Apfelscheiben	103
Lachsmousse	103
Milchköpfchen	19
Müesli, Avocado-	51
Müesli, Kaki-	51
Müesli mit Beeren	23
Müesli mit Gemüse	23
Müesli mit Käse	23
Omelettensalat	104
Orangen-Rucola-Salat	104
Porridge mit Joghurt und Bananen	23
Quark mit Nüssen	17
Quark mit Obst	21
Quark mit Schinken	19
Rosenkohl, gefüllt	105
Rüebli-Apfel-Kaltschale	17
Rüebli-Fitdrink	17
Rüebli-Rohkost	105
Sauermilch mit Früchten	17
Schinken, gebraten	104
Schinken mit Gemüse	19
Shrimpsgratin	104
Traubenbecher	21
Vollkorngipfeli mit Honig	23
Vollkornsemmeli, hausgemacht, mit Camembert	21
Wein-Gelée	104

Salate, Saucen und Gemüsebeilagen

Blattsalate	25
Currypaste	41
Dip zu rohem Gemüse	27
Fenchel-Orangen-Salat	25
Gemüse, gedämpft	29
Gemüse, grilliert	29
Orangen-Zwiebel-Salat	25
Rohkost, gemischte	25
Salatsauce, gebunden (French)	27
Salatsauce, klar (Italian)	27
Salatsauce, leicht	27

Suppen/Antipasti

Acqua cotta (Brotsuppe)	57
Auberginen, eingelegt	53
Bollito mit Salsa verde	55
Busecca (Kuttelsuppe)	71
Chowder mit Blumenkohl	91
Cipolline brasate	51
Dim-Sum-Soup	107
Eierblumensuppe	41
Gemüsebouillon	43
Gemüsesuppe mit Omelettenstreifen	79
Kartoffel-Gemüse-Crème	75
Kartoffel-Spinatsuppe	97
Kartoffelsuppe, exotisch	85
Kohlröllchen in Bouillon	41
Linsen-Spinatsuppe	83
Mexikanische Suppe	108
Minestrone mit Pesto	56
Minestrone mit verlorenen Eiern	81
Oliven mit Mozzarella	51
Peperoni, eingelegt	53
Pilzsuppe mit Glasnudeln	47
Tomaten-Essenz mit Bohnen und Spinat	95
Zitronengras-Suppe mit Pilzen, Reis und Gemüse	43
Zucchini, eingelegt	53

Hauptgerichte mit Eiweiss

Blumenkohl mit Schinken	71
Camembert, grilliert	79
Crevetten-Ananas-Curry	40
Dorsch im Gemüsesud	89
Eierkuchen mit Gemüse	81
Fegato alla salvia	53
Filetmédaillons mit Gemüsenudeln	93
Fisch in Folie mit Gemüsestreifen	39
Fisch-Cordon-bleu	89
Fischfilet mit Mandelbutter	71
Fischröllchen mit Frühlingsgemüse	91
Fischsteak mit Ingwer-Peperoni-Sauce	40
Formaggini mit Bohnen	53
Geflügelröllchen mit Peperonigemüse	91
Gemüse Chinesische Art	83
Gschnätzlets, Zürcher, mit Topinambur	67
Hackfleischtorte mit Rosmarin	56
Kalbfleisch Sweet and Sour	40
Kalbspaillards mit Fenchel	93
Kaninchenragout mit Kürbis	67
Kugel-Spiessli	81
Lachsschnecken mit Chicorée-Schiffchen	93
Lauch mit Sesam-Dip	41
Leberplätzli mit gebratenen Rüebli	69

Register

Leberspiesschen mit Apfel	95
Muscheln, gebacken, mit Kräutern	55
Muscheln mit Wintergemüse	89
Pfannengerührtes aus dem Wok	41
Pfeffersteak mit Kohlrabigemüse	93
Pollo «Cacciatora»	55
Polpette di Ricotta mit Spinat	55
Poulet en papillote	91
Pouletbrüstli in Kapernsauce	56
Pouletsalat, thailändisch	39
Riesencrevetten mit rotem Curry	40
Rindfleisch mit Auberginen	37
Rührei mit Crevetten	89
Saltimbocca mit Kürbispüree	56
Satéspiessli mit Erdnuss-Sauce und Gemüse	39
Schlachtplatte mit Sauerkraut	69
Siedfleisch auf Kabissalat	67
Sonntagsbraten mit Rüeblipüree	71
Spargeln mit Ei	83
Spinat, überbacken	81
Tatarschnitte mit Kürbis	95
Tofu, gebraten, mit Basilikum	39
Tofu, gebraten, mit Gemüse	79
Tomme auf Weinkabis	79
Wirsing-Pfanne	69
Zunge mit Kapern	69

Hauptgerichte mit Kohlehydraten

Antipasti-Salat	107
Artischocken auf Blätterteig	97
Blätterteigkrapfen mit Artischocken	99
Bohnen, weiss, mit Kräutern	59
Bohnen-Chili	107
Fried Rice mit Gemüse	45
Frühlingsröllchen mit Gurkensalat	43
Gemüse Sweet and Sour	47
Gemüse, überbacken, mit Polenta	61
Gemüse-Topf mit Kräuterrahm	85
Gemüsecurry mit Reis	45
Gemüseplatte mit scharfem Dip	43
Gschwellti mit Käse und Dip	73
Hirsotto mit Gemüse	73
Kartoffel-Chüechli mit Sauerrahm	108
Kartoffelchüechli mit Sonnenblumenkernen	85
Käse, verhüllt	100
Kohlrabi mit Gorgonzola	85
Kräuterkartoffeln, gefüllt	97
Linsengericht mit Spinat und Sauerrahm	45
Mais, gratiniert	86
Mais-Peperonischiffchen	97
Maissalat mit Avocado	95
Nudelpfanne, chinesisch	47
Papet vaudois	75
Pasta-Muscheln	107
Pasta-Salat	108
Pâtissons, gebraten, mit Feta	83
Pilaw, rot	86
Pilz-Omelette	100
Pissaladière mit Oliven und Tomaten	99
Pizza mit Kapern	59
Polenta-Knöpfli	73
Raclette-Pfännli	75
Radicchio, grilliert, mit Polenta	59
Reis-Linsen-Gemüse mit Sauerrahm	86
Reismehl-Omelette	47
Risotto alla zucca	57
Rösti in Variationen/Sauerkraut-Salat	73
Spaghetti mit Kartoffeln	108
Spaghetti mit Pesto rosso	57
Spaghetti-Frittata mit Kürbis	61
Spinat-Toast	100
Tagliatelle, grün	100
Tagliatelle mit Artischocken	61
Teigtäschli mit Gemüsestreifen	45
Teigwarensalat, lauwarm	61
Tomaten, gefüllt, mit Couscous	86
Tomatenquiche	99
Winterspargel in der Hülle	75

Süss:

Beeren-Quark-Auflauf	76
Fotzelschnitten mit Kompott	76
Klebreis mit Feigenkompott	99
Griessköpfli mit Heidelbeersauce	76
Vogelheu	76

Desserts

Ananas, mariniert	31
Avocado-Mousse	62
Bananen, gebraten	33
Bananenküchlein	48
Bananenspiesschen	48
Birnen-Kaltschale	31
Cassata	62
Crema di caffè	62
Crème, luftig	105
Crêpes mit Kokos-Chips	48
Dim-Sum, süss	48
Feigen in Rotwein	62
Früchte-Crumble	33
Früchteschaum	33
Fruchtsaftgelée	33
Fruchtspiessli mit Mandelbutter	31
Granità di caffè	62
Heidelbeercrème	31
Heidelbeersorbet	31
Kürbis, süss	48
Panna cotta mit Heidelbeeren	62
Reisbecher	33
Reisrollen, gebraten	48

Zwischenmahlzeiten und Getränke 34–35

Eigene Rezepte

RAUM FÜR PERSÖNLICHE NOTIZEN

Nun, da Ihnen die Regeln der Vital-Diät geläufig sind, haben Sie sicherlich Lust auf Eigenkreationen. Notieren Sie hier Ihre persönlichen Einfälle und Lieblingsrezepte.

Eigene Rezepte

Eigene Rezepte

annabelle-Team

DAS VITAL-DIÄT-TEAM

Karin Messerli, *Fachjournalistin für Ernährung, Köchin und Food-Stylistin, hat die Rezepte entwickelt, gekocht und für die Fotos angerichtet.*

Leandra Graf, *Redaktorin für Essen und Trinken bei annabelle, hat die Begleittexte geschrieben.*

Gerlind Reichardt, *Fotografin im Fotostudio annabelle, hat den grössten Teil der Bilder gemacht.*

Zuzana Trnka, *freie Fotografin, hat für die Kapitel Asien, Italien und Brunch zu zweit fotografiert.*

Vera Doerner, *Produzentin bei annabelle, zeichnet verantwortlich für die redaktionelle Realisierung.*

Der erste Band der annabelle-Vital-Diät

Sich genussreich satt essen und trotzdem schlank werden und bleiben ist kein leeres Versprechen: Zahlreiche Frauen und Männer schlemmen seit fünf Jahren nach den Grundsätzen der für annabelle-Leserinnen und -Leser entwickelten Vital-Diät. Sie bestätigen mit Briefen und Anrufen, dass sie Liniensorgen nur noch vom Hörensagen kennen, dass sie leistungsfähiger geworden sind und sich gesünder fühlen.

Der erste Band der annabelle-Vital-Diät stellt über 100 Gourmet-Rezepte vor und enthält zudem Menüpläne, übersichtliche Nahrungsmitteltabellen, einen medizinisch-theoretischen Teil und acht Entschlackungskuren.

8. Auflage, 108 Seiten, über 100 Rezepte, farbige Abbildungen, Format 21,5 x 21,5 cm, Spiralbindung

WERD VERLAG